大汉侃史官

李飞 著

中国华侨出版社
·北京·

图书在版编目（CIP）数据

大汉侃史官 / 李飞著 . —北京：中国华侨出版社，2022.1

ISBN 978-7-5113-8722-6

Ⅰ．①大… Ⅱ．①李… Ⅲ．①中国历史—汉代—通俗读物 Ⅳ．①K234.09

中国版本图书馆CIP数据核字（2021）251014号

● 大汉侃史官

著　　者 / 李　飞
责任编辑 / 滕　森
封面设计 / 一个人·设计
经　　销 / 新华书店
开　　本 / 710毫米×1000毫米　1/16　印张 / 15　字数 / 197千字
印　　刷 / 北京溢漾印刷有限公司
版　　次 / 2022年1月第1版　2022年1月第1次印刷
书　　号 / ISBN 978-7-5113-8722-6
定　　价 / 49.80元

中国华侨出版社　北京市朝阳区西坝河东里77号楼底商5号　邮编：100028
编辑部：（010）64443056
发行部：（010）64443051　　　　　传　真：64439708
网　址：www.oveaschin.com　　E-mail：oveaschin@sina.com

如发现印装质量问题，影响阅读，请与印刷厂联系调换。

前 言
Preface

秦末，群雄并起，金戈铁马，翻云覆雨。楚汉相争，霸王别姬，四面楚歌，十面埋伏，尽是千古传奇。

流氓帝王，布衣将相，汉初三杰，一代英雄风云际会。壮哉大风歌，覆灭异姓王，高祖是非任人评说。

吕后弄权，文景之治，武帝霸道，成帝淫乱，恒帝无道，四百年斗转星移，两朝旧事随流水。长门锁阿娇，昭君出边塞，飞燕啄王孙，花谢人去今萧索，倾城倾国恨有余。

四百年，兔走乌飞，白云苍狗，演绎在人间世，是壮怀激烈的往事，是悲喜叠加的演义，是诉说不尽的沧桑。回顾历史，每个政权的兴衰，都是跌宕起伏、惊心动魄，刀光剑影有之，尔虞我诈有之，励精图治有之，歌舞升平有之，力挽狂澜有之，祸国殃民有之。尤其是历史上那些强盛的朝代，大都在盛世之中又蕴藏着诸多危机和挑战。

阅古察今，重新梳理，你会发现，历史总有惊人的相似。巍巍大汉，亦莫能外。这里也有成熟完备的政权体制，有或暴戾或英明或无助的君主，有或贤或淑、或媚或毒、或义或烈的奇女子，有或能或无能、或智或愚、或刚正或跋扈的名臣与宦官……君与臣的博弈，忠与奸的对峙，在朝在野的文化人，统统在这个时代演绎得淋漓尽致。这林林总总，组成了汉朝复杂的历史。

汉朝那些事儿，有些凄惨，有些血性，有些甜蜜，有些风情，有些铁案板上钉钉，也有悬案迷雾重重……

思绪回到汉朝，这里有讲不完的故事，聊不完的谈资。

现在，马上，开始我们的"汉朝史"。

——趣料、秘史、逸事、知识，敬请看《大汉侃史官》！

这是一本让你读得开心、记得牢靠、有趣有料有深度的正经汉朝史！填补你历史知识的空白，让你的才华轻松被激发，学习从此不枯燥，生活变得更有趣！

这是一本有灵魂、有内容汉朝史，那些陷落在历史深处的人物在作者笔下的这一刻，不再是一个个生硬刻板的名字，而是一个个灵魂都散发着趣味的时代见证者。作者用现代人熟悉的诙谐手法，将汉朝的发展、更迭、龙争虎斗、爱恨情仇以独特的视角展现出来，精彩，不容错过！

这里需要说明一下，小生不是资深历史学家，因而书中讲述或许会存在那么一点偏差，就麻烦大家仔细地给小生纠错吧，小生在此谢过了！

目录

篇一　大秦：从巅峰到灭亡，只需一对"好搭档"

那一次篡位，让王权迟到了千年 / 2

只要我们不放弃努力，早晚会实现逆袭 / 4

一个"外国人"在秦国掀起的滔天巨浪 / 7

一个女人，下了很大的一盘棋 / 12

一个男人，又下了很大的一盘棋 / 15

吕爸爸，请你和自己说再见吧 / 23

嬴政这辈子，谁能说得清呢 / 25

毁掉一个帝国，只需一个瓜娃子 / 30

篇二　刘邦，没想到你竟然是这样的一个人

大风起兮云飞扬，沛县出了个刘三郎 / 34

咱凭本事吹来的媳妇，为啥要惭愧 / 36

干了这碗酒，从此绿林跟哥走 / 39

从土匪到沛公，其实不会太轻松 / 42

万万没想到，雍齿竟然反水了 / 45

刘邦张良初相遇，项羽一战成霸王 / 48

项老弟，你先喝着，哥给你表演个遁术 / 52

篇三　楚汉争雄，比的是谁更无底线的聪明

霹雳一声震天响，韩信背项投刘邦 / 56

兄弟们，趁项羽不在，把他老窝端了 / 61

你务必想方设法，给我策反英布 / 65

把范增弄走，斩断项羽麒麟臂膀 / 68

左手翻云，右手覆雨，刘邦灭齐 / 73

刘邦失信毁协议，项羽垓下别虞姬 / 79

别吵了，和萧何比，你们差得太远了 / 83

非刘氏而王者，天下共击之 / 87

篇四　从淑贤到凶残，贤内助吕雉黑化那些年

那些年，吕雉遭受的磨难与心酸 / 92

想夺我儿太子位，你想不得好死吗 / 96

张嫣：一个政治联姻的无辜牺牲品 / 97

吕氏封王，我话讲完，你们谁反对 / 99

吕后，对不起，我们要动手了 / 101

篇五 "不做事"也能建盛世，史曰"文景之治"

薄姬笑了，当年的预言原来应验在这里 / 106

当皇帝，最要紧的是小心翼翼 / 109

舅舅，你不死，朕不安心啊 / 112

秦朝怎么干，朕就跟他反着来 / 114

跟我妈争宠的男人，朕能放过吗 / 116

老师、周将军，你们安心地去吧 / 118

篇六 无女人不峰顶，汉武帝刘彻不为人知的面孔

皇位，差点被奶奶给了坏叔叔 / 126

在三个女人钩心斗角中侥幸成了太子 / 129

就算当了皇帝，也被奶奶死死压制 / 131

阿娇，你已不配住金屋，去住冷宫吧 / 135

心有猜忌，妻儿也别跟我谈情义 / 137

无需任何理由，钩弋，你去死吧 / 141

司马迁，朕就是要你受"宫刑" / 143

篇七　昭宣这么努力，就是为了让熊孩子们有败家的余地

没有霍光，也许就没有"昭宣中兴" / 148

老师，害死你的人，我重用了 / 153

靠一个女人，维持的数十年边境安宁 / 155

燕飞来，啄皇孙，啄到后继无人 / 159

篇八　汉光武帝，其标格怎一个"秀"字了得

西汉出了个王大妈，外戚专权复活了 / 162

王莽，您确定自己不是穿越来的吗 / 166

一场骗局，使大汉又延绵二百年 / 168

水稻种植哪将强，河南南阳找刘郎 / 170

那些年，我们一起上过的太学 / 172

真假刘秀，谁才是天命之人 / 173

血战昆阳，刘秀闪亮登场 / 176

哥哥，为你报仇，现在还不是时候 / 179

大汉出了个光武帝，人民过上了好日子 / 181

篇九　外戚与宦官鏖战，王朝再度陷入混乱

西域有定远侯在，朕很放心 / 186

为诛窦宪，饮鸩止渴，启用宦官天团 / 193

外戚宦官相互攻伐，东汉彻底乱了 / 199

你敢说我跋扈，拿命来吧 / 201

五侯十常侍，官威胜天子 / 204

把那帮敢叫板的读书人都炒鱿鱼 / 207

篇十　遍地豪杰戴黄巾，汉家社稷付屠儿

治病不是目的，我张角要治世 / 212

平定黄巾战乱，何进一步登天 / 215

蹇硕，跟我比，你还是棋差一招 / 220

大哥，咱们必须把这帮太监全干掉 / 223

妹妹，我叫来了董卓，你看着办 / 225

我何进，用性命，一手缔造了三国 / 227

篇
一

大秦：从巅峰到灭亡，只需一对"好搭档"

> 收拾完嫪毐，嬴政顺藤摸瓜："相父，是你干的好事，对吧？请你以团成一个圈圈的姿势，迅速从我眼前消失！"
>
> 吕不韦虽然把持朝政做了不少龌龊事，但嬴政念他有功，只给了一个革职处分。然而吕不韦不知收敛，天天八方来拜宾客盈门，嬴政想忽视都忽视都不行了。
>
> ……

那一次篡位，让王权迟到了千年

那是在很久以前，还是在大禹治水期间，有个叫伯益的精神小伙，他不光打井打得好，宠物养得妙，还十分热衷于公益事业，跟在大禹鞍前马后，为黄河的治理工作做出了杰出贡献。当时的部落联盟盟主舜先生非常看好伯益，给他赐了个姓，姓"嬴"，这个姓在华夏历史上出现的频率虽然不高，但并不妨碍它一叫出来就如雷贯耳。

舜先生去世后，将盟主的位置传给了当时众望所归的禹，这是历史上的一段佳话。

禹先生管理下的华夏部落，日趋繁荣昌盛，在这样的部落中做首领，自然是风光无限的事情。这时，禹先生的想法悄悄发生了改变——哥们凭本事一手打造的成果，凭什么让别人坐享其成？尤其是看到尧、舜的子孙因为没有继承父亲遗产而穷困潦倒、境况凄惨以后，禹先生更加坚定了"为子孙谋福"的想法。

不过，当时华夏并不流行"继承制"，谁来当首领，由部落联盟各位头领共同选举决定。禹先生知道，自己要是做得太明显，肯定会落人口实，一人一口唾沫就能把自己淹死，所以，他要想个办法，让自己的儿子启顺利接班，而且看起来是那么顺理成章。

禹先生是这样做的，他先推荐人设很好、先后辅佐过尧、舜、禹三位盟主的皋陶接替自己。禹先生这种"按规矩办事"的表象之下，其实隐藏着很深的心机——皋陶年纪那么大，或许自己还生龙活虎呢，他就先去了，但是，我确实让贤了啊！他命短不能怪我哟。

果然如禹先生所料，皋陶先走了一步。但禹先生觉得，现在还不能心急，还要继续布局，所以禹先生又推荐伯益接班，继续做表面文章给大家看。另一方面，他却不动声色地为启培植势力。

接下来发生的事情，《史记》中的记载挺有意思的。按司马迁老师的表述，禹先生在东巡途中，招呼都没来得及打就去世了，伯益依照禹先生生前的安排顺利接班。但大家都觉得启才是更好的领导人，都服启而不服伯益，伯益也觉得自己才不配位，就把首领的位置让给了启，自己跑到一个叫"箕山"的地方避世不出。整个过程非常和谐、非常感人，伯益与启互相推让，将以天下苍生为己任、毫不利己专门利人的高尚精神表现得淋漓尽致，但事实果真如此吗？

《韩非子》记载："言禹传位于益，终令启取之。"

《战国策》记载："禹授益，而以启为吏，及老，而以启为不足任天下，传之益也。启与支党攻益而夺之天下，是禹名传天下于益，其实令启自取之。"

……

总之，通过史书我们可以肯定的是，禹先生确实没有直接传位给启。大致可以肯定的是，伯益也没有让贤给启，而是启和他的小伙伴们不服伯益，对伯益发动了简单粗暴的抢班夺权，伯益最终成了失败者，跑到或者被流放到了"箕山"这个地方。

禹先生的突然驾崩很值得玩味，但不管他是怎么死的，他去得突然，就给伯益的掌权造成了很大困难。当时，伯益仓促接位，根本没有任何准备和过渡时间，根本无法经营执政班底，建立足够的威信。这就给了启很大的造反便利。

结果，启也没有辜负他爸爸的良苦用心，建立了中国历史上第一个真正意义上的帝国——大夏王朝，中国历史由此进入继承制阶段。

当然，自古以来，成者王侯败者寇，禹先生的后人站上了权利的巅峰，伯益的后人可就惨了。

只要我们不放弃努力，早晚会实现逆袭

周初，武王死后，纣王的儿子武庚觉得是时候为父报仇、复兴大商了，于是扯起了造反大旗，结果被平时看起来很憨厚的周公旦轻而易举就给平定了。武庚被杀，与他一起倒霉的还有伯益的一部分后人，他们作为造反者的帮凶再次遭到驱逐，一部分人被迫迁徙到黄淮流域，在那里建立了一些小部落势力，在夹缝中求生，日子过得非常艰难。

还有一部分人，他们被驱赶着一路向西，被迫来到遥远荒凉的黄土高原，与原来在这里居住的嬴姓族人抱团取暖，逐渐成了最大的一支嬴姓部族。不过，因为他们与当地的少数民族杂居，因而受到了周王室及诸侯们的一致鄙夷，政治地位极低，直到周孝王时才略有改善。

周孝王时，在周西陲犬丘地区，出现了一个叫嬴大骆的人，他硬是凭本事娶了申侯的女儿，并靠着这层关系，成了犬丘的合法话事人。他有两个儿子，一个是小妾生的长子嬴非子，一个是正妻生的次子嬴成。

这位嬴非子大概是完美继承了伯益的基因，非常善于养宠物，尤其是养马，经他手调教出来的战马不仅威武雄壮，而且非常有耐力，广大

用户在评论区给了一片好评，因而引起了周孝王姬辟方的关注。

周孝王私信嬴非子：小非非，你来给我养马好不好？我给你安排优厚待遇。

嬴非子敢不答应吗？当然不敢，于是就成了周朝"弼马温"，专门为朝廷养马。

那时候没有"前四后八"，也没有重型装甲，马是主要的运输和作战工具，周朝经常和当时的四大恶族东夷、西戎、南蛮、北狄干架，战马的优劣对战争的胜负影响很大，嬴非子马养得好，周朝军备力量就强，这就是军功，大功一件。

嬴非子为周朝做出了重大贡献，作为回报，姬辟方决定让他回到犬丘地区，接替他爸爸，做犬丘的最高行政长官。然而王的决定竟然遭到了阻挠。

站出来阻挠姬辟方的正是申侯，论辈分，嬴非子应该叫申侯一声姥爷，但他不是亲外孙，嬴成才是。申侯果断决定帮亲不帮理，为自己的亲外孙出头争权夺利。

当时，姬辟方恰巧命令申侯挂帅，起六师西征犬戎，申侯表示这仗我打不赢，但是你要是把犬丘给我外孙嬴成，我保证可以对犬戎做到不战而屈人之兵，保大周西部边境永远安宁。

姬辟方也没有想想，为什么申侯可以保证自己能够说服犬戎，他们两家到底是什么关系？总之出于顾全大局的考虑，姬辟方同意了申侯的建议。那么问题来了，姬辟方给嬴非子的承诺怎么兑现呢？

姬辟方想了想，便把今甘肃天水附近一小块地盘划给了嬴非子，嬴非子非常郁闷地来到更偏僻的地方，在这里建立了属于自己的势力，这就是秦国的雏形。不过，这时的秦还远远不够诸侯级别，嬴非子只是有了一块属于自己的封地，还只是附近诸侯大国的附庸，行政级别是卿大夫，主要工作还是给王室养马。

此后的无数年，秦的处境都相当尴尬，名义上秦主也是有身份、有地位的人，但大家根本不拿正眼瞧他，只当他是"弼马温"。而活在别人白眼中的秦人并没有因此放弃自己，自甘堕落、放任自流，满足于做大家的马倌，他们反而越挫越强，不断充实、强大自己，渐渐有了成为一方诸侯的实力。

是周幽王给了秦人崛起的契机！

姬宫涅为了讨褒姒欢心，烽火戏诸侯，还把大老婆申后打入冷宫，结果时任申侯冲冠一怒为爱女，带着老朋友犬戎乌泱泱杀了过来，干掉姬宫涅，失联了褒姒。

接下来发生的事情比较自然而然，因为姬宫涅和伯服皆死于犬戎之手，幸存者宜臼在他姥爷申侯的帮助下当上了大王。

他的名字很难念，含义也不好，所以他不许别人直呼其名，于是后人就叫他周平王。

当时犬戎不仅杀了周平王的爸爸，还不断来侵袭，姬宜臼吓坏了，到处喊人前来救驾，可那些称霸一方的大诸侯根本不愿意搭理他。

这时，仅为"大夫"官衔、只有卖命的义务、没有王室信任的嬴开站了出来，他知道，对于弱小的秦来说，别人不屑一顾的事情，也许正是自己翻身逆袭的机会。于是，他带着秦人，驾着200辆战车前来勤王，最后联合卫、郑等诸侯国一起打跑了犬戎。

姬宜臼一高兴：大大有赏！

从此，秦正式成为伯爵诸侯国，嬴开则成为秦被列为诸侯以后的第一任国君，史称秦襄公。不仅如此，姬宜臼还假装很仗义地给秦人封赏了一大片土地，说他假装仗义，是因为这片土地连姬宜臼自己都没有使用权。

姬宜臼给秦人的这片土地在关中岐山地区,此时仍被犬戎占领,很明显,周王室这是把秦当憨憨,给了张空头支票,就想拿他们当枪使。但对于一直被排挤在西北贫瘠之地的秦人来说,望梅也是能止渴的。

然而,这梅子要想真正吃到,也不是一般的困难。

约公元前766年,嬴开带着几百族人去接收姬宜臼给的地盘,结果被犬戎打了伏击,战况相当惨烈,嬴开战死,收地计划最终搁浅。

好在,没过多久,犬戎内部出现了问题,继位者秦文公抓住这个天赐良机,终于从犬戎手里夺取了关中岐山等地。

到了秦武公时代,秦国又相继镇压绵诸、邶戎、冀戎、义渠戎、翟和貘等犬戎部落,使自己的秦国势力扩张到关中渭水流域。饱受不公政治待遇的秦人终于完成了初步逆袭。

一个"外国人"在秦国掀起的滔天巨浪

秦人知道,自己虽然从"附庸"变成了诸侯国,但论资历和实力,与中原那些大佬还有很大差距,是故他们虽有进取中原之心,但一直掩饰得很好——任你们打得满脸桃花开,我只闷声发大财。趁着中原各国互相争顾不暇的时节,秦人在短时间里发展成了土豪暴发户。

秦国能从一个养马小国,逐渐成长为一方强者,是因为他们终于等到了一个开明的领导人——秦孝公嬴渠梁。嬴渠梁痛定思痛,他认为,要想让别人看得起自己,就先要有比别人优秀的资本。

什么资本最优秀呢？答案有两个：一个是钱，一个是人。

有钱能使鬼推磨，有钱可以让别人心甘情愿当属下；如果钱不好使的时候，那么就喊人，打到对方心甘情愿当属下为止。

因此，不论是钱、还是人，对当时的秦国来说，缺一不可。

嬴渠梁做到这两点，还要感谢一个"外国人"——商鞅。

当时，中原各个国家都已经有了进入封建社会的苗头，秦国却还保持着浓重的奴隶社会传统，从上到下，所有人的思想和习俗早已经跟不上时代潮流的发展。嬴渠梁想要改变现状，就要进行大力改革，而他想要大力改革，就需要一个和任何势力都没有关系，同时又能把所有的关系都处理好的人为自己冲锋陷阵。

商鞅的条件，满足嬴渠梁对目标人物的所有期待。而他，也将会是秦国历史上的第一位全民英雄。

说起商鞅，他的故事也是一把鼻涕一把泪。

商鞅是卫国国君后裔，但他和王位没有半点关系。他也有自知之明，从小就转移了兴趣，只喜欢研究刑罚和法律。

成年以后，商鞅一度在魏国相公叔痤手下任职，他后来去秦国，是因为公叔痤死后，自己在魏国一点不受重用。

嬴渠梁其实早就听说过商鞅的大名，知道他是一个不可多得的人才。他问商鞅："我想让秦国雄霸天下，你有办法吗？"

商鞅无比沉重地点了点头，说："办法我有，你敢用吗？"

嬴渠梁笑了，你小子跟我玩什么故弄玄虚？我是被吓大的？来，你快说说，说得不对，我弄死你！

商鞅淡定地看了嬴渠梁一眼，不急不缓地说出了自己的变法计划：

一、鼓励百姓开垦荒地，并且官宣：谁开的荒，地就归谁。

这样一来，老百姓下地干活的热情就有了，国家的粮食生产也有了保障。

正所谓，若想马儿快快跑，要给马儿吃够草。在商鞅这里，老百姓就是他的马，并且马要吃的草还是马自己生产的。

二、废除原来的井田制，使老百姓们可以自由交易买卖手中的土地。

井田制规定一切土地属于国家所有（即属于周王所有），周王是全国最高的统治者，也是最高的土地所有者。正如《诗·小雅·北山》所说："溥（普）天之下，莫非王土，率土之滨，莫非王臣。"

周王把土地层层分封给诸侯，诸侯将受封土地分赐给卿大夫，卿大夫把土地再分赐其子弟和臣属。周王对所封土地有予夺之权。各级受封的贵族对土地只有使用权，没有所有权，只能世代享用，不能转让与买卖。受封者还要向国王承担义务，就是要向国王交纳贡赋。

在贵族受封的土地上，奴隶和庶民集体耕种，他们只有管理和种植土地的义务，却没有交换和买卖农作物的权利，他们只能祈求老天给自己多一点运气，不至于因为粮食低产而饿死。

老百姓也不是憨憨，辛苦一年一结算总账，结果发现自己累得跟牲口似的，却连填饱肚子的粮食都没存下。这样一来，谁还愿意去种地呢？

既然没有人种地，那作为中间商的诸侯就没有库存，国库空了，军队吃什么？

就像是多米诺骨牌引发的蝴蝶效应一样，秦国只能被逼无奈，陷入没人种地、没人当兵的境地。

国家一旦到了这一地步，落后挨打是必然的。百姓要的是自由，那么，就给他们自由。

商鞅变法前两条内容，分别是：鼓励垦荒，将土地买卖合法化。这就是要给老百姓填饱肚子的自由。秦国的老百姓做梦也没有想到，自己会等来老天爷发慈悲善心的时候。如果这不是在做梦，那一定是这个世界要变天了。

很多时候，民间老百姓的敏锐嗅觉，才是鉴别历史进程的有效法宝。

在商鞅变法的规划中，提高老百姓种地的积极性，只不过是他在投石问路。接下来按照他的设想发展，就是对秦国的军队进行改革了。

在军队建设方面，商鞅提出了当时最先进的绩效考核制度。即，以战功论业绩，对于屡立战功的优秀军人给予丰厚奖励。

这种新做法，既可以避免将领贪天之功，又能提高士兵作战的英勇气魄。

嬴渠梁觉得，商鞅干得很不错，直接任命他为左庶长，开始在全国上下推行变法运动。

"左庶长"这个官名看着很小，但其实它是一个大官衔，除了君王和王公贵族，它可以管辖所有人。权力很大！

但再大的权力，也有它的边界线。真正让商鞅头疼的，不是他权力范围内的事情，而是那些他没有权力去管、却又不得不管的王公贵族们。

他们，才是这次变法要指向的目标。可惜，商鞅有些力不能及。

其实，商鞅变法的条条框框，就像是给秦国的贵族们脖子上架了一把刀，逼着他们把自己的利益拿出来让老百姓过好日子。

这种打土豪的野蛮方式当然不会得到土豪们的认同，土豪们也没有必要听他这个外来破落户在这里胡言乱语。

在贵族们的眼中，商鞅就是一个正在花样作死的小丑而已。他们并不是不想弄商鞅，而只是想多看看他到底有什么能耐。

俗话说得好，当你想吃别人的蛋糕时，先要看看自己是不是长了那么长的嘴。

商鞅的嘴很显然没有那么长，所以当他撅着嘴要东西吃的时候，得到的不是食物，而是厌恶。

而商鞅，为了对付秦国老牌贵族对自己的抵触，想了一个让所有人都毛骨悚然的办法——尚奸——召集更坏的人来对付我觉得是坏人的人。这个奇妙逻辑，最终成了商鞅的死穴。

商鞅并没有意识到，人家不和他斗，并不是真的怕他，而是他对人家来说不值得鱼死网破。可一旦商鞅触碰了对方的底线，他的灾难就到来了。

最终，在嬴渠梁驾崩，商鞅失去了最大的背景人物支持后，那些王公贵族齐齐发力，瞬间就把商鞅给"车裂"了。

商鞅的下场很惨，但好在，秦国却因为他最终走上了繁荣富强的道路。

这真是一段讽刺的历史！

人家是一将功成万骨枯，他们是只要一国富强，究竟枯了谁的骨，那都是没太大所谓的事情了。

商鞅虽然死了，但他的一些变法内容仍然被保留了下来，这也使秦国始终能够保持强大的国力和旺盛的战斗力，从而在与其他国家争霸的时候，一直是只能被追赶却永远无法超越的存在。

在这之后，秦国蚕食三家晋地，又直攻荆楚，泱泱中原除了远在海边的齐国，其他国家都多多少少被秦国打败过。

这段历史结束了，开始的，将是下一场相似的轮回。

一个女人，下了很大的一盘棋

嬴渠梁死后，他的儿子嬴驷继位，史称秦惠文王，秦惠文王上位的第一件事就是杀掉商鞅，第二件事就是给自己找老婆。

于是，一位楚国姑娘走在了和亲的路上。她不是出嫁，是陪嫁，地位很尴尬，是秦国后宫地位较低的"八子"，所以江湖人称其为"芈八子"。

像许多年轻女子一样，芈八子对自己的未来充满幻想，比如，自己命中注定的那个男人帅不帅，暖不暖，到底是不是真的爱自己……

她当时一定没想过，自己这个附赠品，有一天会成为中国历史上第一个享太后之名的人，并开太后临朝摄政之先河，她就是大名鼎鼎的——秦宣太后。

她遗传给子孙的基因是：放荡不羁，热衷权力，心狠手辣……

嬴驷死后，他的嫡长子嬴荡即位。这位老兄是嬴驷大老婆的儿子，不但名字取得拉风，行为也很与众不同，他痴迷于一种高风险的运动——举重。

有一天，他给员工开工作会议：今天会议的主题是——谁能把龙文赤鼎举起来？

他这个人特别爱较劲，谁厉害就跟谁死磕。员工都知道他这个德性，聪明人赶紧恭维：我们没有老板那样的神力，举不起，举不起！

他正得意呢，有个直性子员工大喝一声：我来！——鼎被拔离地面半尺高。

他一看：哎呀，你装，你是不是装！不就举半尺高吗？装个什么啊！给我起！看见没，半尺半寸半！

结果手一滑，"咣当"一声，鼎砸脚面上了，紧接着"咔嚓"一声，右腿粉碎性骨折，当晚就去了。这位嬴荡老兄就是秦武王。

荡哥哥是个好人，为了大秦牺牲自我，如果他不死，就没有芈八子儿子什么事，那么大一统王朝中可能就没有大秦朝了。

这位荡哥哥，可能把太多时间投入到了体育运动上，因此忽略了其他事情，结果导致自己没儿子，于是兄弟们个个对着王位虎视眈眈，由此就引发了大秦的激烈宫斗。

这对大秦来说绝对是幕悲剧，对芈八子而言却是喜剧。嬴荡虽然也流着老公的血，但并不是自己的骨肉，她不关心嬴荡的死活，只关心自己远在燕国当质子的儿子嬴稷，是不是能活着回来继位。

接下来的剧情，史书是这样描述的：嬴荡的一帮弟弟为争王位闹得不可开交，这时国人觉得，远在燕国当人质的嬴稷比他们更靠谱，更适合给秦国做大王，于是大家齐心合力把他迎了回来……

这个记载假不假？嬴稷早早就被送出去当人质，和国人有什么感情，国人又怎么知道他是什么品性？嬴稷又不是秦币，一出生就注定让国人个个都欢喜。

后人考证，当时的情况大体应该是这样的：嬴荡死后，诸弟争立，竞争相当惨烈。秦惠文王的大老婆惠文王后想扶持公子壮，以便自己继续把持朝政，但在芈八子一系列暗箱操作之后，惠文王后败了，嬴稷成功回国当大王，芈八子也成功当上了中国历史上第一位"太后"，而失败者惠文王后，则从此退出历史舞台，死状凄惨。

历史，有时就是这么残酷。

在后宫争斗中，芈八子先是凭借美貌与幸运，成功征服了她的第一个男人，两个人联袂上演了一出"王的女人"；在政权交替的关键时刻，她又凭借权谋与手腕，为儿子导演了一幕"步步惊心"，从此登上了权力的巅峰。可以说芈八子的前半生，是不折不扣的成功，但接下来的故事，就很八卦，八卦到必须要打马赛克了。

公元前306年，大秦官网突然爆出这样一则猛料：国际友人义渠君来秦恭贺嬴稷大王继位，在国家礼堂受到芈太后隆重款待，义渠君瞬间被芈太后的美貌、智慧与风度折服，当即拜倒在石榴裙下，两人随即公布恋情，并正式同居！

此消息一出，全华夏都炸了，各国诸侯都纷纷指责芈八子不顾礼法、不守妇道，对此，芈八子只是微微一笑，置之不理。

而最该炸裂的人，秦昭襄王嬴稷，对于这件事却异常的冷静与沉默。自己老妈的做法，不但有辱先人，而且大损国威，堂堂一国之君，嬴稷这都能忍？于是众人纷纷猜测，这是秦国对老对手义渠国认怂了，嬴稷怂到把自己老妈都献出去了，可怜秦惠文王英雄一世，竟娶了这样一个老婆，生出这么一个儿子，悲剧啊！

难道，义渠国真的能够让秦国如此畏惧吗？还真不能小觑！

前文说过，很早以前，在中原王朝周边围绕着四大恶人，分别是东夷、西戎、南蛮、北狄。东夷灭亡得比较早，被华夏著名暴君商纣王帝辛大手一挥就给灭了，很早就成了历史往事；南蛮随着中原政权的发展，不断被同化，逐渐融入中原；北狄在北方势力很大，遇到中原出现窝囊君主的时候，就到华夏来逞逞威风，但遇到汉武帝、唐太宗这样的君王，就只能躲到草原里放马牧羊；西戎与秦是宿敌，一直是秦的噩梦，嬴开当年正是死在西戎之犬戎的手上，而现在的义渠国，则是西戎里势力最大的一支，他们，的确可以让嬴稷心生忌惮。

这种情况下，芈八子与义渠君谈了30多年的姐弟恋，还生下两个儿子，过程相当浪漫，结局却充满了阴谋与血腥的味道。当大家都笃定嬴稷用老妈换和平、鄙视他太怂的时候，芈八子寻找机会要了义渠君和他们两个儿子的性命，紧接着秦国大军倾巢而出，趁机灭了义渠国！强大的义渠竟然消亡在芈八子的石榴裙下，从此秦国没有了东进的后顾之忧，为统一全国进一步扫清了障碍，现在知道什么叫"下了好大一盘棋"了吗？

一个男人，又下了很大的一盘棋

那是在嬴稷母子灭掉义渠国以后，战国时期抢地盘的械斗活动正开展得如火如荼，一个小男孩，独自站在王宫的角落里，一边对手指，一边思考着世界性哲学命题——我是我爹亲生的吗？

他爹安国君有十几个儿子，而且还在源源不断地生儿子，他的位置不上不下，既享受不到"长子长孙"的待遇，也得不到"幺儿"的溺爱，地位很尴尬，活得毫无存在感。

直到有一天，他爷爷嬴稷和父亲嬴柱突然发现了他的存在感：

嬴稷："赵国现在需要个人质……"

嬴柱："我看那臭小子挺合适……"

这个可怜的孩子叫嬴异人，他最大的成就，是给大秦又带回来了一个很厉害的孩子。

这个被带回来的孩子出生在公元前259年农历正月（此处尚存争议），降生地点是赵国邯郸，他，就是中国历史上第一个大一统王朝的创立者——嬴政。在西方人眼中，他就是中国的拿破仑。

嬴政的老爸就是嬴异人，没才没品没下限，可人家被送去赵国当人质都能遇到天使投资人。这个天使投资人叫吕不韦，河南人，很有钱也很有头脑。

吕不韦出身于卫国，对有意结交权贵以登仕途的他来说，在卫国这种小地方是没有发展前途的。因此，当赵国使者提出购买百件圭璧之器时，吕不韦很快就做出决断，毅然接下了这单生意。

当时，圭璧用以礼定王公贵戚的爵位，在卫国属于严禁运进和出售的商品，违者全家砍头。这种风险之下，吕不韦仍然敢接这单生意，一方面是因为其利润极高，更重要的是，他已经决定拿着卫国纳税人的钱，去外国发展了。

吕不韦首先去了韩国首都阳翟。他之所以选择这里，是因为阳翟乃是当时华夏最大的玉器交易中心，各国商人云集于此，进购玉器，吕不韦在这里做生意，很有赚头。但是，吕不韦很快又发现，韩国也非久留之地。

当时，嬴稷任用范雎为相，实行"远交近攻"的策略。秦国的地理位置是这样的，它的北部是魏国，南部是楚国，西部是蜀国，东部是韩国。在这四个诸侯国中，韩国与秦国的土地纵深交错，相连最紧，韩国遂成了秦国的心腹之患。所以秦国要问鼎天下，定会首先向韩国发动军事进攻。

吕不韦预见到，这个诸侯国早晚会像秋风中的残枝败叶一样衰微下去。他觉得在韩国，别说是封侯拜将，就是贵为韩王，最终也将成为亡国之君。

看清楚各国形势以后，吕不韦决定离开阳翟，另觅去处。当时赵国乃是七国中仅次于秦的存在，兵强马壮，实力雄厚，而且有蔺相如、平原君赵胜等贤臣辅佐，加上吕不韦玉店的最大一个分号就在邯郸，他决定迁移到赵国。

吕不韦赴赵国时，赵国取得阏于之战胜利不久，国力正强。吕不韦的生意越做越大。期间，他又通过平原君成为赵王的座上客。但很快他就发现，赵王处事刚愎自用，却又偏偏目光短浅。他断定赵王不足以成大事，正在此时，秦赵又起战端，更加验证了其看法，也坚定了其离开赵国的意愿。

这时，他发现了在赵国当人质的嬴异人，吕不韦欣喜若狂，深感"奇货可居"。心思百转之后，吕不韦决定将嬴异人捧为秦王，借此实现自己高踞朝堂之上的梦想。

接着，吕不韦开始在秦赵之间往来奔波，为立嬴异人为储之事四处打通关节。他花费千金巨资用以打点，终于成功打动了安国君的宠妃华阳夫人，使她愿意认下嬴异人为干儿子。至此，立储之事就算成功了大半，而吕不韦也被任命为嬴异人的太傅。

这一步的成功，给了吕不韦极大鼓舞。他似乎看见了胜利的曙光。他觉得自己的千金没有白花，这个回报将来应该有无限大。

但是，千金巨资买一个"师傅"，是不是有点忒贵了？在回邯郸的路上，吕不韦这样想。

继而，他又想到：自古君王多变，像三伏天的脸。我虽散尽千金帮他，他做人也比较厚道，但一旦做了王，真要与我共享秦国时，他舍得吗？他到时会不会不认账？白纸写黑字还说变就变呢，何况是口头达成的协议？你看他那个爷爷，不是与赵国郑重其事地互为友好邻国，还派了孙子做人质吗？有什么用！还不是说翻脸就翻脸，连亲孙子都不管，更何况，我是一个八竿子都打不着的什么师傅呢！他现在做出这个承诺，是因为有求于我，谁知道事成之后会怎么样。

吕不韦陷入了沉思。

他在思考，有没有一种比金钱、比珠宝更神奇的东西？这种神奇之物，可以让嬴异人入迷，让嬴异人如着了魔一般。那时候，我吕不韦说一，他嬴异人就说一，我吕不韦说二，他嬴异人就说二。在这种情况下，别说是要分秦国与我共享，就是我想要整个秦国，他也会糊里糊涂地拱手相让。

这时，他想到了周幽王，当年周幽王像着了魔一般入迷的东西是什么？是女人！

那么问题来了——嬴异人是否好色？经过暗中打探，吕不韦得知，这小子隔三岔五就去花街柳巷，找失足少女畅谈人生梦想。吕不韦大喜，立马派人去寻找绝色美女，但绝色美女哪有那么容易找到？

一日，吕不韦约嬴异人吃饭。席间，老吕命人奏乐起舞，顿时，磬鼓丝竹齐奏，五音十二律和鸣，一队舞伎飘然而至，在柔软的羊毯上翩翩起舞。这一曲舞蹈，是表达年轻女子思念情人的忧烦和见到情人的欣喜，情感体现得淋漓尽致，时而像一池春水被风吹皱，泛起愁绪如涟漪，一层又一层追逐而去，缠绵悱恻；时而像一股春潮，从平阔的江面流出，流向忽然变窄了的弯道口，奔泻激荡，浪花四溅……

嬴异人的情绪受到了感染，心头的不快慢慢烟消云散，原来，因为长平战败，40万赵军被活埋，赵王大发雷霆，非要弄死嬴异人，幸亏蔺相如与平原君百般劝阻，嬴异人才保住小命一条，但训斥与辱骂是少不了的。嬴异人来吕家之前刚被赵王叫去辱骂了一通，心头十分郁闷，现在才得以开解。

乐声徐徐消失，舞伎如仙女般飘去，嬴异人竟无察觉。他仍沉浸在无尽回味之中。

忽然，热烈、豪放的乐曲爆发，赵姬浓妆艳抹，跳起了折腰舞，唤醒嬴异人渐入另一种境界。乐声像一阵春雷滚动，赵姬的舞姿随之舒展奔放，舞步生起旋风，长袖飘扬似满天长虹明灭，裙裾飞转如鲜花遍野怒放……情到娇柔处，像开在泉边的兰花幽婉纯美；舞到狂热时，如草原烈火气吞万里……嬴异人萌动的青春活力被点燃，开始起了骚动，这时才注意起狂舞的赵姬竟是这样地美。面容灿若桃花，娇媚妖艳，眼珠晶莹如墨玉，神采无限，身段似杨柳临风，仪态万千。舞蹈随乐曲达到高潮，当乐曲戛然而止时，赵姬骤然面对嬴异人收腹折腰结束。赵姬这一曲酣畅淋漓地刻画出少女青春骚动、火热情怀的独舞，感染得异人热血沸腾、燥热不安，时间空间都被融化了，只听见自己的心在怦怦作响。

吕不韦见嬴异人愁眉渐开，变得有些痴迷地看着赵姬的舞姿，不禁心中一笑。吕不韦知道自己这一步走对了，让连日被人羞辱的嬴异人重拾心怀，必然会使他对自己的好感更为加深。但马上老吕就有了一丝担忧，他发现嬴异人射向赵姬这位自己最宠爱的女人的眼光中有一些暧昧，但这种忧虑很快就被酒冲淡了。

赵姬舞罢退下后，嬴异人仍有些神不守舍，虽说嬴异人年少风流，常去夜店厮混，但从未遇上过赵姬这种绝色佳人。于是，他借着酒劲说："我年方二十，血气方刚，身陷囹圄，无亲无爱。太傅三妻四妾，占尽风流，可否奉献出一个？"

吕不韦深知当时的风俗，在各诸侯国都有一代代相袭的陈年古语：宁穿朋友衣，不占朋友妻！况且又是师娘。有鉴于此，吕不韦对嬴异人的话并未在意，以为只是酒后胡言，便开玩笑地说："任君挑选。"

谁知嬴异人张口就说："就是刚才的舞者赵姬。"

吕不韦惊呆了，这小子还真不是个东西！但稍加沉思，权衡利弊之后他就故作大方地将赵姬送给了嬴异人为妻，并为其举行了婚礼。

其中有些内幕，来自战国八卦媒体"疯行"的爆料，真假仍未可知。

据说，当嬴异人酒后向吕不韦索要赵姬之时，吕不韦虽然故作大方地答应了，但心中仍然隐隐作痛，而且更不知该如何说服赵姬。当他回到内宅时，赵姬欢天喜地地告诉他自己怀孕了，吕不韦呆住了。

"要给你生个王子，让你当太上皇呢！"赵姬逗笑说。

这句本是赵姬撒娇的话，无意中触动了吕不韦那根最敏感的神经。

"我怎么就不会这么想呀！"吕不韦眼前豁然开朗，一个荒唐、诡谲，又简单粗暴、非常现实的想法忽然跳将出来，旋风般在脑子里飞转，连吕不韦自己也觉得有点不可思议……吕不韦沉浸在盘算之中，挂在嘴角狡黠的微笑，不停地颤动着。

最终，吕不韦和赵姬合谋做出决定，让赵姬怀着吕不韦的孩子嫁给嬴异人，二人相对誓咒，此大计秘密，永远深埋两人心底，至死不泄露丝毫口风。

原先的设计，本为协助异人"窃鼎"，如今一转为由自己的后代取之，计中有计，谋中有谋，连环双套，如此空前的"窃鼎"奇计，就在两人的商量中出笼了。

第二天，吕不韦就为嬴异人与赵姬举行了婚礼。不久，孩子降生下来，是一个男孩，吕不韦与嬴异人商议后取名为"政"。后来，吕不韦与嬴异人逃离邯郸时，因情况危急，无法带妇孺出城，只得将赵姬母子送回其父赵傀子家藏匿起来。再后来，赵姬母子终为赵王侦知下落，并软禁起来。

在嬴异人成功登基后不久，吕不韦终于打探出赵姬母子在赵王手中，经过一番努力，赵王被迫答应送赵姬母子回秦国。

赵姬母子一归秦，嬴异人就册立赵姬为王后，嬴政为太子，由吕不韦任其太傅。

这段故事，可能只是一个故事，也可能真是一个事实，至于真相，已无法获知。

却说吕不韦站到秦国最高权力的金字塔尖上，踌躇满志，自任丞相之后，一刻也没有停止筹划东进的军事行动，继续攻城略地。嬴异人的王位、权力都是吕不韦一手策划扶持出来的，他本身是个软弱之人，对吕不韦言听计从，完全成为一个傀儡，吕不韦从此在秦国一手遮天。

吕不韦为了得到文武百官的支持，拜相之后第一个拜访的就是曾与自己作对的前丞相范雎，对其好言抚慰之后方才离去。由此，吕不韦向世人显示了自己"宰相肚中能撑船"的宽阔胸襟，并使那些以前敌对的官员松了口气，死心塌地地效忠自己。吕不韦深知自己以外人的身份身居高位，难免会有人背后非议。于是广收门客，使自己贤名远播，并开始组织门客编写《吕氏春秋》，淡化人们心中自己的商人形象。

嬴异人在位3年就去了，年仅13岁的嬴政即位，朝政由太后赵姬与丞相吕不韦共同商议决定。

嬴政继位后，吕不韦除了仍任丞相（相国）、文信侯外，又加封了一个特殊称号——"仲父"。13岁的孩子当然不会想出这么个封号，肯定是吕不韦自己出的主意。

吕不韦为什么煞费苦心地给自己加个"仲父"的称号呢？

"仲父"这个称号既不是官、爵名，也不是亲属的称谓。对它可以做多种理解：从字面上看"仲父"就是叔父。吕不韦暗示自己是嬴政的亲生父亲，或表示自己与嬴政之父嬴异人有非同寻常人的关系，在嬴政面前自称"仲父"均无不可。但是，除此之外尚有更深的一种示意：

"仲父"曾是春秋时代齐国管仲的称号。管仲是历史上的名臣，主持齐国改革，发展生产，富国强兵，使得齐国几年之内就由弱变强，称霸中原。齐桓公对管仲信任、尊重达到了无以复加的程度，将齐国朝政全部交给他，而自己从不加以干涉。这时的管仲就被称为"仲父"。

吕不韦自称为"仲父"，就是以相齐的管仲自居，他不但要嬴政认自己当爸爸，而且向臣民暗示他将要像管仲一样处理朝政，无须取得嬴政的授权。如果说嬴异人在位时，吕不韦操纵秦国政权还须通过国王的话，那么，到嬴政登上王位时，身为"仲父"的吕不韦就可以直接发号施令来实行自己的主张了。这个时期的秦国，实际是吕不韦个人专政从后台进入前台的时期。商人吕不韦经营的事业，达到辉煌的顶点。

从秦王政即位的公元前246年到他亲政的公元前237年，整整10年间，秦国政权完全控制在吕不韦手中，其权势到了无以复加的地步。这时的吕不韦堪称是秦国的无冕之王。

那么吕不韦为什么不彻底一点，直接当王？为什么不直接一点，让社稷彻底姓吕？这正是他的精明之处，狡黠之处，诡谲之处。试想，如果让社稷彻底换姓，吕不韦直接当王，那么，且不说朝野上下通不过，诸侯列国通不过，就是那忠于朝廷的蒙骜、蒙武父子，战功煊赫的蒙氏家族，他吕不韦也对付不了。而且，公开谋反政变，要混战，要争夺，要打斗，要流血，而吕不韦当时尚无兵权。所以，他来了个神不知、鬼不觉地偷梁换柱、曲线盗国。

秦王嬴政年少，国事皆由吕不韦决断。凡事吕不韦或先斩后奏，或斩而不奏，所以，实际上，秦王嬴政这时与他爸爸嬴异人一样，只是个木偶、傀儡。

吕不韦为了爬到权力的顶峰可以说是不择手段，无所不用其极。他扶立了嬴异人登基为秦庄襄王，使自己权倾朝野。普通人达到这一步，应该已经完全满足了，但是吕不韦没有。因为当年他在铺就异人为王这条路之时早就已经铺下了一条后路的后路，使自己将来长期掌权能有一个强大的基础。

所以直到现在，秦始皇他爹到底是谁，还是坊间人士津津乐道的谜题……

吕爸爸，请你和自己说再见吧

嬴政虽然爹爹不像样，妈妈很放荡，但大概在他太祖奶奶芈八子那里得到了真传，从小就很彪悍。13岁，嬴政就做了秦王，22岁那年，嬴政搞了两件大事：干掉了嫪毐和吕不韦。

嫪毐，江湖人称轮子哥。据司马迁介绍，这人练过硬气功，丹田一运气，就能把车轮转起来。

当年，吕不韦为了摆脱和嬴政妈妈之间不太好的关系，专心致志做事业，就将嫪毐假扮成太监，送给了赵姬，赵姬很喜欢。

那时候嬴政还小，太后说了算，赵姬就给嫪毐不断封官，一直封到长信侯，国家大事都让他来决断。于是秦国内部形成两大派系，分别是新欢嫪毐派和旧爱不韦派。

而且，太后还偷偷给嫪毐生了两个孩子。这时的秦国有点乱。

这个嫪毐除了能让嬴政妈妈喜欢和快乐以外，其实没什么本事，但是他觉得自己是个人物，整天牛哄哄的，嚣张得很。因此得罪了不少人。只不过，当时太后当权，大家敢怒不敢言。

嬴政一主政，情况就不一样了，立马有人把嫪毐给告了！

大臣："王，那个嫪毐，是个男人！"

嬴政："你是不是觉得我眼瞎？男女我看不出来吗！"

"王，我是说，那个嫪毐是个完整男人！"

"什么？你再说一遍！"

嬴政抓狂中……这表示什么？这表示太后和嫪毐做了不可描述的事情。

嬴政怒了，下令将嫪毐大卸八块！

嫪毐反了，矫诏发兵，杀向王宫。

结果无须言明，过程太过血腥，屏蔽。

收拾完嫪毐，嬴政顺藤摸瓜："相父，请你以团成一个圈圈的姿势，迅速从我眼前消失！"

吕不韦虽然把持朝政做了不少龌龊事，但嬴政念他有功，只给了一个革职处分。然而吕不韦不知收敛，天天八方来拜宾客盈门，嬴政想忽视都忽视不了他。

那什么，您老人家去四川吧，那地还很荒凉，有待您的开发。

吕不韦一看，这是要我死啊，于是就死了。

古人云，修身，齐家，治国，平天下。嬴政不太讲究修身，他齐完家，治完国，就开始平天下了。

这个过程很复杂，简单地说，就是：虎狼之师，风卷残云。后人是这样描述的：秦王扫六合，虎视何雄哉！

嬴政一统华夏以后，觉得自己功绩简直太伟大了，比之前所有的"王"都要伟大，因此决定，必须给自己取一个无比霸道的名号，"王"的霸气程度显然远远不够，没法跟六国诸侯区分开来。思来想去，嬴政决定称自己为"皇帝"。

他那意思，以前咱们华夏不是有三皇五帝吗，每一个看起来都很厉害的样子，现在我把他们的名号集合起来自己用，这表示什么？表示我比他们都厉害！我就是古往今来天下第一，谁不服气？

又因为自己是秦国历史上的第一位"皇帝"，所以嬴政自称始皇帝，后人也就称他为秦始皇了。从此，"皇帝"一词作为华夏最高统治者的正式称号，沿用了两千多年。

嬴政对自己的这个名号非常满意，同时也给自己的后代安排好了名号，二世、三世、四世……一直到万世……

可惜，理想很丰满，现实很骨感，嬴政做梦也没有想到，他辛苦创立的大秦帝国，在历史舞台上竟然仅仅是昙花一现。

嬴政这辈子，谁能说得清呢

名号的事情敲定了，接下来就该办点正事了。

既然是统一，就要有统一的样子，那什么，齐楚燕韩赵魏，你们六个都按我秦国的来。

这就是书同文，车同轨，行同伦，度同制，币同种。

没改之前什么样子呢？比如赵国人想去韩国，就得到边境买辆进口韩国马车，要不然可能因为车不合规格无法上路；比如各国都有自己的文字，互通书信，没有大学问的人不一定看得懂；开展商业活动时，各国都有自己的衡量标准，国际贸易很容易产生纠纷。

嬴政一看，这简直太乱了！这哪行啊！于是立即出台规定：不管你原来是哪个国家的，现在全国的马车兵车，两轮之间的宽度统一为6尺；以前形态各异的文字统统不要了，从今以后统一学秦文；还有那些什么尺子、秤砣、量斗啊，都给我统一标准。这才像一个统一的国家嘛！

其实笔者觉得，在这些措施中，最棒的是书同文！为什么呢？比如赵国小哥哥想跟韩国小姐姐处对象，写情书向人家表白——"我喜欢你！"

姑娘："啥玩意，跟鬼画符似的！"

这种情况，能把小哥哥急死！

解释一下，因为笔者不懂战国文字，所以只好用简体字字意代替，读者们这么聪明，你一定懂的。

接着说。小哥哥情急中灵光一闪，幸亏我跟驴友们学过几门外语，挨个试试？

小伙："我中意你！"

姑娘："火星文？来自火星的你？"

俺可待见你、我盖你、我雄你……小哥哥急得泪流满面。

好吧，只剩最霸道的一个了！

小伙："俺贼拉稀罕你！"

姑娘："咋不早说！俺都跟隔壁王小聪好上了！"

小哥哥气得一口鲜血喷出好远,拔剑自刎为红颜。

——谈个异地恋爱,写个情书,太费劲了,还容易被人捷足先登。

除此之外,嬴政还做了件功在千秋的大事,就是修筑万里长城。

以前,燕、赵两国为防止北狄南侵,就各自在边境线上修筑了一些防御性的城墙,但几乎都是摆设,北狄还是想打就能打进来。后期,两国都忙着内斗和抗秦,根本没有时间和精力兼顾北狄,因而被夺走了河套地区大片土地。

嬴政完成大一统以后,北狄非但没有收敛,反而跃跃欲试,想趁天下方定,再从大秦身上啃下一块肉,这让嬴政十分火大:这些北狄蛮民竟敢如此嚣张!不把朕放在眼里是吗?蒙恬,给朕收拾他!

同时,嬴政又征调30万民工,把原来燕、赵、秦的防御城墙连接起来,加固北方的防御工事,这就是今天"万里长城"的雏形。

嬴政这家伙,每一项措施都是大手笔,而且功在当代,利在千秋,按理说,怎么着都应该进入千古明君的行列,但实际上,两千年来他一直被钉在"暴君"的耻辱柱上。这,又是为什么呢?说到这里,就不得不探讨一下让后人尤其诟病的"焚书坑儒"事件了。

焚书,坑儒,事实上这是两件事,而且都是有背景有原因的。

先掰扯焚书。

那是在秦国实施郡县制八年以后,博士儒生淳于越在工作会议上激烈要求恢复分封制,让皇家子弟裂土封王。

理由是:分封制是一套比较成熟的政治体制,与创新性的郡县制相比,风险性小,而且分封的都是自己人,靠得住!

李斯表示强烈反对,说周朝打得跟烂桃似的,不就是分封的结果吗?蠢(淳)老头你想搞复辟是不是?我提议,烧掉除农家、医家等实用书籍和咱们图书馆存书之外的所有不良印刷品。免得这帮人随便读两本破书，就乱嚼舌根子。

嬴政经过深思熟虑，还是支持李斯。理由是：从以往的经验来看，分封制并不怎么靠谱，兄弟之间为了争家产血流成河的事情多了去了，有时候自己人才最不可靠。而郡县制，则更有利于中央集权和大局稳定。

于是，在李斯的主持下，大秦开始焚书。我们再来看看焚书的结果：

——儒家被一把火烧没了吗？没有。

——儒生因此消失了吗？更没有。

那为什么嬴政因此被黑了2000多年？看看秦国主张的是哪家思想，后来为封建统治阶级服务的思想主要又是哪一家的，你懂的。

当然，不管怎么说，焚书都不是件好事，一定会造成文化流失。但读者朋友们，我们看问题要有深度，要从单一事件看整体，要看到焚书事件的大时代背景。

分封，这是六国复辟的首要条件，如果你是嬴政，你怎么做？

看看鲁迅怎么说："秦始皇实在冤枉得很，他的吃亏是在二世而亡，一班帮闲们都替新主子去讲他的坏话了。不错，秦始皇烧过书，烧书是为了统一思想。但他没有烧掉农书和医书；他收罗许多别国的'客卿'，并不专重'秦的思想'，倒是博采各种的思想的。"

坑儒，其实坑的也不全是儒生，基本都是方士。

方士是干什么的？就是古时候一帮装神弄鬼、占卜算命、炼丹嗑药的所谓专业人士。徐福了解一下。

徐福在焚书之前，就已经带着3000童男童女跑路到了海外，传说在海岛上建立了个国家，不过，此事已无从考证。徐福的背叛，狠狠地伤了嬴政的心，更伤心的还在后面。

当时有两个叫侯生、卢生的方士，吹牛说能让嬴政长生不老，结果事没办成，跑了。

跑就跑呗，这俩神棍还满大街说嬴政坏话：不是我哥俩没能耐，是嬴政太缺德，老天爷不肯把仙药赐给他！

侯生、卢生这一跑，把嬴政彻底整发飙了："全面考核，不合格者坑杀！"

显而易见，这帮方士哪经得住考核，你让他们去哪里给嬴政寻仙迹、找仙药呢？于是，考核不过关的一小部分儒生和一大部分方士，就被推到坑里，埋了。历史记载，这次坑杀了460多人。

做个比较，国民偶像乾隆先生，在位期间焚书超70万部，制造130多起"文字狱"。你们猜猜他弄死了多少人？

大家跟我一起念：焚书，逗号，坑儒。记住，这是独立存在的两件事，并且有一些史学家对事件的真实性提出了质疑。

笔者觉得，就算这两件事真是嬴政干的，也是有复杂背景和推动力的，如果我们单纯地站在道德制高点上，用普通人的视角去衡量一个千古帝王的选择，未免有失偏颇。

在笔者看来，嬴政最大的错误，就是没管住自己，生下了胡亥这么一个败家孩子。

就这一个错误，前面那些事都白忙乎了。

毁掉一个帝国，只需一个瓜娃子

胡亥，嬴政最小的儿子，在他上面还有 17 个哥哥，好几个姐姐，按理说嬴政儿子够用了，真想不明白，为什么还要生他呢？

胡亥当皇帝那年，不是 21 岁，就是 12 岁，此事争议很大，至今为止仍然没有准确答案，但这并不重要，因为几乎没有人在意他的年龄，大家关注的往往都是他的那些无脑行为。

当然，作为历史上最著名的无脑青年，你让胡亥一个人把坑爹这事办出历史新高度，也不现实。于是，上帝给他配了一个最佳损友——赵高。

历史告诉我们，在某一方面有缺陷的人，往往会在另一方面寻求心理满足。赵高就是这样，干点好事就觉得特对不起自己。

其实，嬴政原本指定的接班人是长子扶苏，不过扶苏这孩子太爱唠叨，没事就跟他爹说："爸爸，你少杀点人呗。"嬴政为了耳根子清静点，就让他和蒙恬一起守边疆，修长城去了。

公元前 210 年，嬴政第五次东巡找药，途中生了一场大病，大概是感觉自己快不行了，就对随行的李斯和赵高说，快叫我大儿子扶苏回咸阳，万一我见神仙去了，让他料理后事。

嬴政虽然是个"暴君"，但为政举措的大方向还是有利于大秦统治的，而且从他让扶苏回京料理后事这件事来看，他显然已经下定决心传位给扶苏，说明嬴政并没有吃药吃到完全糊涂。他虽然宠爱自己的小儿子，但也知道，胡亥能力不行，传位给他，大秦下场不会太好。

不过，这封信还没有送出去，嬴政就死在了沙丘。

随行的赵高跟扶苏不对付，李斯怕蒙恬取代自己，胡亥……呃，他只管自己快乐，这仨货在一起一合计：伪造遗嘱，反正没人知道！

胡亥就这么，以一种让人意想不到的方式、轻轻松松地当上了皇帝。后来的玄武门兵变、九王夺嫡什么的，简直弱爆了。

扶苏呢？说好听点是实在，说难听点就是傻，别人假传圣旨说让他抹脖子，他二话不说就抹脖子，蒙恬拉都拉不住。笔者觉得，就这智商，他当皇帝，秦朝也好不到哪里去。

杀完长兄，胡亥觉得还不过瘾，顺手把自己的兄弟姐妹都杀了，一个不留。

这时候赵高又发话了，那什么，亥，把李斯也杀了吧，于是一番栽赃陷害，李斯就被剁成了两截。杀完李斯，赵高一家独大，朝堂之上，从此呼风唤雨。指鹿为马了解一下。

而胡亥，直接当起了甩手皇帝，把国家大事都交给赵高全权处理，自己只顾着快乐。

这事要是让嬴政知道，估计能把棺材板子一脚踹开！

在昏坏二人组的胡搞之下，朝堂上人人自危，朝堂下民不聊生，历史的经验告诉我们，这就离亡国不远了。

公元前 209 年，阳城（河南登封）市长派两名军官押着 900 农民兄弟前往北京密云守边防。结果由于出门没看天气预报，半路被大雨困住了。按照秦朝的律法，迟到是要掉脑袋的！

这群农民兄弟的两个小队长陈胜和吴广就商量：反正都是个死，干脆反了吧，要死脸朝天，不死万万年！

因为这次事件发生在安徽大泽乡（宿州），所以史称大泽乡起义。

大泽乡起义的爆发，使得还没死透的六国贵族纷纷死灰复燃，复辟浪潮一浪胜过一浪，曾经强盛至极的大秦朝根基已破，大厦将倾。

篇二

刘邦，没想到你竟然是这样的一个人

> 按说项羽带兵打仗这么多年，杀的人可能比杀的鸡都多，可今天不知道吃错啥药了，死活就是下不去手，气得范增心绞痛都快犯了。
>
> 刘邦市井无赖出身，别的本事不行，"见事不好，撒腿就跑"的本事绝对炉火纯青，眼见长剑在自己头顶抢来抢去，心中便有了算计。
>
> …… ……

大风起兮云飞扬，沛县出了个刘三郎

书接上回，画个重点。读者朋友们记一下：大泽乡起义是中国历史上第一次大规模农民起义。

可惜由于没有造反经验，像很多第一次一样，看着非常热闹，结果非常寂寥。

陈胜、吴广虽然在反压迫斗争中掉了链子，但大泽乡惊天动地那一嗓子，却把全天下不愿做奴隶的人们都吼了起来，于是六国纷纷复辟，百姓揭竿起义。大秦乱成了一锅粥，到处都是造反的口号。

有两个江苏人一看：嘿呦，打架闹事这种事怎么能少得了我们！

这两个家伙到底干了什么？让我们回到那遥远的过去，先从刘邦说起。

就像你们知道的那样，中国历史上每一个大人物出场，都要制造点声响。但刘邦这个声响……笔者觉得有点过了。

传说那是公元前257年，江苏沛县丰邑地区，一位大妈走在乡间的小路上……此处省略一万字。

天色将晚，老实人刘叔叔等半天不见媳妇回家，心里不免起了疑，拎着棒子直奔玉米地。就在田间的一个大水泡子附近，他看到一条坏龙和自己的媳妇……此处省略一万字。

这……上哪说理去呢！

这件事确实无处说理，刘叔叔总不能飞上天去找龙拼命吧，他就算有那个胆子，也没那个能耐。

忍了！不忍也得忍，啥招没有。

第二年，刘妈妈生了一个大胖小子，这小子就是刘邦。不过那时候他叫刘季，通俗的称法是"刘三"。

给"龙的传人"起这么个没品位的名字，刘叔叔也真是够有趣的。

显然，这段记载是为了给刘邦充场面，汉朝史官们凑一起现编的。让笔者比较失望的是，它竟然被华丽丽地收入了《史记》，看来司马迁老师受刑以后，也懂得识时务了。

好了，甭管汉朝史官们怎么说，反正刘邦就这顺顺利利地降世了。

刘邦长大以后，书不读，地也不种，整天游手好闲，坚定不移地做起了啃老族，并且觉得理所当然。气得哥哥嫂子们天天闹分家，他脸都不红一下，脸皮厚得天下第一。

刘邦不仅热爱啃老，而且吃喝嫖赌样样纯熟，和十里八村的二混子们净干些不着四六的事儿。

也许是无心插柳柳成荫，也许是真懂得"得人脉者得天下"，刘邦吃喝玩乐那些年，交了不少好兄弟，这帮人就是他飞黄腾达的班底。

说刘邦的兄弟，首先就得说卢绾，因为啥呢？他俩在一起干的坏事最多。

刘邦和卢绾同年同月同日生，当时刘叔叔就想，这要是个女娃多好，儿媳妇就有着落了。

两个熊孩子从小一起长大，感情好极了，因为刘邦更坏，所以做了哥哥，卢绾则以小弟的身份跟着刘邦横行乡里，哪有热闹哪有我，就算没有热闹，制造热闹也要热闹。

比如村里谁家小狗让人炖了，谁家丢了一只母鸡，都不用查，不是刘邦干的，就是刘邦指使卢绾干的。

让人唏嘘的是，这个卢绾后来竟然反了，想必刘邦当时心都碎了。这是后话。

卢绾之外便是萧何和曹参，这两个人一个主管沛县人事，一个主管沛县治安，黑白两道都给面子，却都对刘邦这个无赖格外青睐。

所以在沛县这一亩三分地，但凡有人告刘邦的状，萧、曹二人都会偷偷给按下来，要不然就刘邦这折腾劲，估计早把沛县牢底坐穿了。

再往下数就是樊哙和夏侯婴，这俩人一个是屠夫，一个是马夫，一个给刘邦当打手，一个做狗头军师，刘邦做的坏事他们也没少参与。

如果一个人建立了夯实的人脉，他就成功了一半。刘邦显然已经具备了这样的条件。

35岁，是刘邦人生中的一个转折点。

这天，萧何找到正在喝酒的刘邦，说要给他弄个亭长当当。啃老半辈子的刘邦有点不敢相信。

最终靠着萧何上下打点，刘邦终于吃上了皇粮。不是有那么句话吗，饱暖思娇妻，刘邦这个大龄剩男现在最着急的，就是轰轰烈烈谈场恋爱。

但是，正经人家姑娘，谁看得上他呢？

咱凭本事吹来的媳妇，为啥要惭愧

可能是月佬找人替了班，要么就是酒没醒牵错了红线，就刘邦这种坏蛋，竟然也能得到一份大好姻缘。

篇二
刘邦，没想到你竟然是这样的一个人

沛县东边邻县单父县有个土豪，江湖人称吕公，与沛县县令是好朋友，一开始在沛县县令客居。沛县县令对吕公非常恭敬，沛县的风土人物也让吕公感到亲切，所以后来，吕土豪决定定居沛县。

吕公选好居住之所，就在家里大摆酒宴，酬谢县令的关照，为了回报吕公的情意，沛县县令决定在吕公生日的时候亲自为吕公设宴庆祝。当日，沛县县令出席生日典礼，让手下主吏掾萧何主持宴会事务，这件事在沛县轰动开来，凡是沛县有头面的人物都跑来凑热闹。

当天，萧何负责收支接待和座席位次的安排。由于前来拜寿的人实在太多，萧何便决定，贺仪不超过一千钱的宾客安排在堂下。

当时，刘邦已经担任泗水亭长，得知此事，没人请他自己就跑来了。他兴冲冲地来到吕公的新宅门前，看到来客将礼金金额一一写在名册上，又听到负责接待的谒者高声唱说礼钱数目、席位上下，再看自己，两手空空。正待踌躇之际，发现负责接待的是自己的好友萧何，也就不客气了，张嘴就高喊："泗水亭长刘季贺仪一万钱！"全场各界人物瞬间就惊呆了。

按照当时的百姓收入计算，普通工种劳动一天的报酬大概不足十钱。刘邦虽然身为亭长，月俸也不过才几百钱。当时郡县基层小吏间的礼金往来大都是以百钱为单位。吕公是县令的贵宾，县令级别送过来的贺礼也不过一千钱而已，而且已经是这个级别的重礼了。贺礼以万钱计，都比得上将相王侯间的往来数字了，在沛县应该是闻所未闻的事。

吕公是生性豪爽的人，听到有人送如此厚礼，起身出门相迎。刘邦脸皮也厚，登堂入室，丝毫不怯场，直接坐上高座。

刘邦虚报贺礼坐到上席之后，却没有一丝的自责和不安；酒席间，意气自若，盛气凌人，俨然一副上客主子的模样。吕公心底暗自称奇。席间，刘邦和宾主相谈甚欢，十分投缘。宴会结束，吕公使了个眼色，

请刘邦留下。

宾客散去，只剩下吕公和刘邦两人，吕公便对刘邦坦言，自己从年轻时就喜欢给人相面，经他相面的人虽然很多，却没有一个比得上刘邦的面相，他希望刘邦珍爱自己。随后又郑重其事地把自己的女儿吕雉介绍给刘邦，表示愿意将女儿许配给他。

刘邦平日里虽然不务正业、吊儿郎当，但是面对重要的事情相当认真，吕公的话被他深深地放在了心上，而且给予了认真的回应，当下便拜过吕公，而且订下了迎亲的具体日期。

吕雉天生美貌端庄，有贵人之相，在吕家非常受宠，不肯轻易许配给他人，所以吕公将女儿吕雉许配给刘邦这件事在家中引起了轩然大波。尤其是吕公的老婆吕媪，简直怒不可遏。

吕公却说："你们女人家懂什么？刘邦将来必定要大贵，女儿嫁给他不会有错，我心意已决，不会再改变。"吕媪知道自己改变不了吕公的决定，只好答应。而吕雉，对刘邦的印象也是非常不错。于是，在吕公的操持之下，吕雉就嫁给了这位官职低微的泗水亭长刘邦为妻。

通过这件事，萧何对刘邦也有了新看法。刘邦和吕雉结婚那天，热闹非凡。作为一名亭长，大小算个官，再加上他喜好结交，人缘不错，又有县府里的一班同事和朋友，前来参加婚礼的客人非常多。就连县令都送来了一份贺礼。

成婚之后，刘邦并没有受惠于岳父的财势。大概是吕公觉得刘邦仍然需要磨炼，所以不着急提拔他。吕雉虽然是千金之躯，但是自从嫁给刘邦之后，便过起了朴实的农妇生活，没过多久就为刘邦生下了一男一女，他们就是日后的孝惠皇帝和鲁元公主。

刘邦年过四十喜得贵子，自然欣喜万分。夫妻俩就这么安安稳稳地过日子，虽不是什么富贵之家，倒也和睦温馨。刘邦在外打拼时，吕雉在家边照顾孩子和老人,边做地里的农活,称得上是刘邦的贤内助。

此时的刘邦,工作有了,媳妇也有了,日子过得渐渐滋润起来。

如果生在太平盛世,很有可能,他会"一天三顿二锅头,老婆孩子热炕头",走完自己不咸不淡的人生。

但人生总是充满意外,没有意外的人生就不是完整的人生。

干了这碗酒,从此绿林跟哥走

刘邦人生中的意外来自一次出公差,确切地说,是押送犯人去给嬴政修坟。

按照秦朝的律法,刘邦需要在三个月内将犯人押送到骊山,而且一个都不能少。

那么问题就来了:如果绑着押送,一定影响速度,如果放开手脚,一定有人会跑。

这样看来,横竖都是个死。

刘邦心想,我不能死,我死了,别人就会住我房子花我钱,抱我女人还打我娃!于是索性心一横:跑路吧!

下定决心后,刘邦突然觉得轻松了不少。到了丰西泽中,刘邦就下令所有人休息,把剩余的路费都换成了酒菜,请剩下的劳役痛痛快快地吃喝了一顿。以往刘邦押送劳役也有和劳役们饮酒的时候,但他总是克制自己,因为路程还远,不能有闪失。但是这次不同,他的前面已经没有路了。

酒肉面前，刘邦第一次和劳役们开怀痛饮。刘邦看起来非常开心，其实他的内心复杂而酸楚。痛饮过后，刘邦开始思念家中的父母妻儿。前几日还是风光的亭长，如今却是有家难回。可此刻不是想这些的时候，而是正视现实。

正当大家开怀痛饮之际，刘邦却当众宣布，队伍今晚全部解散，大家愿意去哪去哪，责任由他一个人来承担。劳役中胆子大、讲义气的监管人员带头表示，我等愿意追随刘亭长。随后，一些劳役也高呼起来。虽然又收了一帮小弟，相互之间有了照应，但前路仍然渺茫，该去哪里，刘邦自己也不知道。

好在刘邦是个乐天派，心里虽然难过，却仍然能谈笑风生，带着跟随者往深山中走去。一来，逃入深山能避免消息快速走漏，被官府火速追缉；二来，进入山区后比较容易找到吃的，存活机会大些。就这样，刘邦有了自己的队伍，成为秦末无数地方起义队伍中的一支。然而，没过多久，消息还是传到了沛县，刘邦也从亭长沦为了通缉犯，媳妇还受到了牵连。

如果不是发生在秦国即将灭亡的时候，刘邦必然会招致灭门之祸。但是在天下动荡不安、战乱四起的年代，各级地方官员都拼命自保。一旦上报给朝廷，不仅沛县县令要受到惩处，就连泗水郡的郡守也要承担严重的后果，会受到非常严厉的惩罚。所以，这件事发生后，县令和郡守都装作不知道，将这件事隐瞒下来。而且，沛县县令和县府中的大小官员都和刘邦有着密切关系，所以都不约而同遮掩此事，刘邦也就没被追查。

家里人虽然担心刘邦的去向，可又无可奈何。父亲非常生气，说刘邦是自作自受，放着好好的官儿不当，非得招惹祸端。只有吕雉毅然离开家门，寻找刘邦。

解散劳役队伍的时候，刘邦根本没想过自己以后的栖身之处。只是突然想起了秦始皇几年前东巡时听信高人所说的"东南有天子气"，而且经常将这句话挂在嘴边，到处宣扬，还用东巡楚地来镇压、制伏这股天子气。

刘邦在出走后，在迷茫中受"东南有天子气"这句话的启发，举目遥望云雾缭绕的芒山和砀山。心想，也许前面的山就是给自己提供的有天子气的栖身之所。于是，他带着留下来的人向芒山、砀山走去。

芒、砀两山相去八里，海拔并不太高，但位于低洼的沛丰沼泽地南沿，两山之间有古树密林，杂草丛生，蜿蜒起伏，山泽岩石之间是非常好的藏匿之处。

虽然藏身在山岩之间十分艰苦，但是对于出身布衣的刘邦而言也不算什么。虽然要经常变换住处，东躲西藏，可大家也算同甘共苦，无拘无束。

就这样，刘邦带着二十几个人在芒砀山当了土匪。因为名号还算响亮，慢慢竟也聚起了好几百号人。

当陈胜吴广在大泽乡发出怒吼的时候，刘邦还在芒砀山呼啸山林，偷鸡摸狗，拦路抢劫，但不杀人放火，奸淫掳掠。说到底，他们只是为了活命。刘邦是坏，但算不上恶。

从土匪到沛公，其实不会太轻松

受大泽乡风暴影响，江苏地区造反情绪高涨，刘邦也在萧何、曹参的建议下，开始招兵买马。

正巧这个时候，沛县县令在萧何的怂恿下，也准备下海造反，于是差人邀请刘邦共谋大事，刘邦心里有点狐疑：这小子不会是要阴我吧？

最终，在萧何、樊哙等一众人的鼓动下，刘邦决定出山——管他真假，干就是了！

刘邦带着他那帮蓬头垢面破衣烂衫的兄弟风风火火赶往沛县，半路上却遇到了同样蓬头垢面破衣烂衫的萧何和曹参。细一问才知道，原来县令怕刘邦鸠占鹊巢，反悔了。

现在怎么办？原来是土匪，还有被招安的机会，现在被坐实了造反，县令大功一件，刘邦危如累卵。说好的人与人之间的信任呢？

那就反吧，不反也无路可走了。刘邦决定：先拿下沛县，用县令的头祭起义的酒。

刘邦说得轻巧，大家心里却乱糟糟：拿什么打县城，就拎着木头棍子和板砖，跟人家正规军干？

科普一下，在秦朝，老百姓是禁止私藏武器甚至是铁器的。传说，嬴政统一六国以后，为防止人民反抗而尽收民间铁器，铸造了十二金人，目前，这十二金人的下落仍是一个未解之谜。

刘邦说大家别急，我有办法——"二营长，把哥哥的意大利炮拉出来！"

不好意思，昨晚追《亮剑》，睡太晚了。

重来，刘邦大喝一声：我有办法！他让人扔石头往城里传信诱降，从敌人内部入手，利用敌人的力量粉碎敌人。

城中的士兵和百姓一看：好浪漫，云中谁寄锦书来？快打开看看。

"喂，老王，上面写的啥玩意？"

"投降就请你吃肘花，不投降杀你全家。"

"那还寻思啥，降了。"

"降了，降了，吃肘花去！"

刘邦写信给沛县官兵百姓说：父老乡亲们啊，你们都让秦朝贪官污吏给祸害成啥样了，还要忍吗？今天我刘邦替天行道来了，谁顽抗，谁全家遭殃，谁听话，等我发达了，弄不好还能给你个官儿当当。

——软硬兼施，威逼利诱，刘邦在这方面确实有两下子。

就这样，兵不血刃，刘邦拿下了沛县，从此咸鱼小翻身，完成了从混混到沛公的逆袭。

这里面还有个小插曲，刘邦本想假装谦虚一下，就搞了个民意选举，没想到选出来的是萧何和曹参。

萧何和曹参不是不知趣的人，好一番推辞，说只有你刘邦当首领我们才认，你是赤帝子啊，别人想当，掂掂分量。既然被选出来的两个人都这么说了，别人还说啥呢。就刘邦了。

有的读者可能不知道，这个"赤帝子"是怎么一回事。

那还是刘邦在芒砀山的时候，有一天喝多了，带着兄弟们去打猎，中途碰到一条大白蛇趴在路中央。要在平时，刘邦掉头就跑，今天酒壮怂人胆，刘邦歪歪斜斜提剑上前，手一偏，就砍七寸上了。大白蛇瞬间被砍成两段。

你以为就白砍了？开玩笑，蛇是有灵性的动物：你砍我两段，我篡你中间！转世就做了王莽。当然，这只是个传说。

其实，就是这么一件滥杀野生动物的事，随即被刘邦集团神话了。谣传刘邦杀完大白蛇以后，有人见到个老妇人在路边痛哭，自称是白帝媳妇，说儿子无缘无故被赤帝的儿子砍杀了。显然，这是用脸皮在撒谎，无非是为了忽悠老百姓，说他刘邦是天命所归。

那么问题来了，刘邦到底是龙种还是赤帝子啊？

刘邦不光自己吹，他老婆吕雉也跟着吹。有一次，刘邦当众问吕雉：我在芒砀山到处乱窜，你为啥老能找到我呢？吕雉撒谎不脸红：风中有朵雨做的云，云的下面肯定是你！

这恩爱秀的，相当有道行！

其实自打刘邦那次在咸阳看到秦始皇之后，就开始做起了皇帝梦。沛县父老推荐他做沛公他其实是很欣喜的。刘邦深知，在场的人谁都不敢做首领，因为大家都不愿意担这个风险，他的再三推让是想表明自己带头起义并非出于私心，也并非贪图王侯之位，而是家乡父老的再三推举，不得已而为之，他愿意挺身而出，目的是救沛县百姓于水火；同时，这样做也为了起义后有效管束手下，既然众人推举他当县令，那么就要服从他的管束和指挥。

刘邦和各路起义军首领的不同之处就是他起义并非为了个人的那点利益得失，而是将起义的第一天视为踏上得到皇帝宝座征程中的第一步。所以，当他答应沛县父老做沛公之后，就将起义的仪式举办得非常庄严。

在沛县县衙的大堂上，刘邦带领沛县子弟们祭祀了黄帝和蚩尤，因为传说黄帝是上古的五帝之首，是中原各族共同的祖先；蚩尤是南方部族的首领，首创各种兵器，而且骁勇善战。可见，刘邦起义之前祭祀黄帝和蚩尤，求的是神灵保佑，他希望自己日后能起义成功，最终登上帝位。

刘邦祭祀后，将牲畜的血涂在战旗和战鼓上。秦朝的军旗和崇拜的颜色是黑色，刘邦则把起义军的军旗全部换成了红色，因为斩白蛇的故事中说他是赤帝之子，所以刘邦的起义军崇尚红色。萧何、曹参、樊哙等人开始在沛县周边招兵买马，先后共有三千人加入刘邦的队伍。

刘邦起义的时候已经 48 岁，在古代，48 岁已经是中老年人了，刘邦却踌躇满志，刚刚踏上成就大业的道路。

如果事情就这样发展下去，刘邦的霸业看来水到渠成，但事实上他的人生充满意外，这次的意外，来自一个兄弟的背叛。

万万没想到，雍齿竟然反水了

眼看着队伍瞬间壮大了不少，刘邦非常开心。前段时间还担心被官府抓到，如今却摇身一变成了沛公，刘邦决定，今后就按这个路子继续招兵买马，看看自己究竟能发展到什么程度。

刘邦的部队在芒砀山上休整了一段时间之后，就让史劲、许横、郝松各带一组人马，自己身边留下几十人听候调遣。他让那些懂些武术的人教手下练武，没有趁手的兵器，就让他们暂时用木棍代替。刘邦没带过兵，总觉得自己手里有队伍就了不起了。再加上他建功立业的心非常迫切，总想着到山下闯荡一番。

手底下的人整天吃饱了没事做，也是憋得难受，总想找个节骨眼大显身手。兵将一拍即合，仗势伺机而起。

芒砀山下有一座小城叫永城，城池非常坚固，守卫很多。刘邦一伙人将此地定为第一个攻打对象。没承想，刘邦等人的想法很快被永城太守知道了，太守心想：一伙毛贼成不了什么气候，等我腾出人手，就派官兵将他们一举驱散。

可还没等官兵腾出手，刘邦就自己打上门来了。芒砀山在永城东边，刘邦等人则选择从西边城门攻城。因为守城的兵没有任何防备，趁夜里城门还未关上之时，就由小分队将守门官兵各个制服，随即，大部队蜂拥而入。

其实在攻城之前，刘邦等人就已经将永城内的情况了解得非常清楚了，三支队伍一支攻打府衙，一支占领各个城门，一支攻打兵营。很快，刘邦就占领了整个永城，官府还没明白过味儿，就被起义军端了老窝，太守也被活捉。很多秦军都没来得及拿上武器，就被起义军杀了。整个战斗过程丝毫不拖沓，刘邦一方仅有少数人伤亡。

此时的朝局动荡，所以即使知道刘邦占领了永城也没人顾得到这个地方。刘邦首战告捷，非常开心，对未来的战斗也更有信心。他准备让自己的人马在永城好好享乐，再备齐兵器和粮草，扩展队伍。

此次战役，刘邦虽然大获全胜，但每每提起，都不忘加上那段异事"哥哥我当年提三尺剑斩白蛇起义，首次攻打永城一役便是大捷"，并借此激励手下将士。

没过几天，刘邦就从安逸中清醒过来，他知道，永城再好，也非久留之地。要干成大事，自己手上的这点人马还远远不够。于是，他将永城交给史劲驻守，自己带着其余队伍向北前进，想要投靠正在攻打咸阳的陈胜、吴广。

通过这次攻打永城的经历，刘邦明白，只要是没有大量驻守秦军的地方，城池都非常好攻。经过曹县时，刘邦决定再来个突然袭击。没想到，由于曹县附近常常有起义军出没，守军们早就加强了防范。刘邦等人进城后，城门迅速关闭。刘邦带领的部队遭到了猛烈的反击。此刻，刘邦的队伍既不能占领官府，也无法控制城门，双方展开了激烈的搏斗，最终，两军都来到城中间的大街上。

刘邦眼看秦军众多，知道自己不占优势，于是下令队伍从南城门撤退。队伍听说要撤退，无心恋战，大队人马涌向南城门。由于守城门的重兵刚才都冲到城中围堵义军，南城门这边非常空虚，刘邦等侥幸逃脱。

这一次，刘邦损失了大半人马，就连班头郝松都不见了。刘邦非常后悔没弄清情况就贸然攻打城池。他原本想打下几个大城池后，将队伍壮大些再投奔陈胜。如今自己被打得七零八落，哪还有脸投奔他人？一时间，刘邦从沛公又沦落成流寇，白天漫无目的地前进，夜晚却做起了打家劫舍的营生。

随着刘邦与项梁、项羽的起义，江淮一带的大部分地区很快就出现了反秦起义的热潮。秦二世二年，刘邦大破秦军围攻丰邑的部队，到十一月，刘邦引兵至薛，再次大败秦军。就在刘邦的军队连连告捷之际，没想到反秦的义军之间却因为争夺地盘而发生了冲突，导致自己队伍的分裂。

原来，受陈胜派遣北攻魏地的周市，此时竟南下至丰、沛一带，他借口历史上魏国曾经一度东迁于丰，鼓动刘邦的手下雍齿背叛刘邦，归附于魏。雍齿本就不想追随刘邦，在周市的威逼利诱下，雍齿公开背叛刘邦。

刘邦轻信雍齿，导致老窝丰邑丢失，发誓要将雍齿脑袋拧下来当球踢，不过雍齿也不白给，刘邦打了几次，都没能把丰邑打下来。

刘邦久攻丰邑不下，心里憋着好大一口气，可是没办法，对方防守太严密，根本不给自己破门的机会。

大家凑一起一合议，找外援吧。

当时，陈胜吴广已死，楚国的领军人物是项梁、项羽叔侄。

这叔侄两家大业大，而且对雍齿的行为深恶痛绝，于是大手一挥：五千兵马先用着。

这是刘邦和项羽生平第一次交集，受人之恩，后来涌泗水相报。欲知详情如何，且听后书分解。

刘邦张良初相遇，项羽一战成霸王

刘邦和项羽这对冤家，碰到一起，就好像火星撞地球，恩怨纠葛，缠绵不断，不死不休。

和刘邦不同，项羽是正品贵族子弟，他不用装神弄鬼，一会儿说自己是龙种，一会儿又认赤帝当爹。单凭他祖父项燕那句"楚虽三户，亡秦必楚"，就足以为他们项家圈粉无数。

项羽还有个极招粉的特质，就是猛。至于猛到什么程度，读者朋友们可以上网搜搜，什么是"王不过霸，将不过李"。

另外，笔者不说，一些读者可能不知道，项羽还是兵形势第一人。

什么是兵形势？形势者，雷动风举，后发而先至，离合背向，变化无常，以轻疾制敌者也。

你也可以理解为：狭路相逢勇者胜。

这个项羽从小就是个问题儿童。学习不行，学剑也不行，就打架行。

他叔叔项梁骂他，他还顶嘴："干吗学写字，能写过李斯！干吗要学剑，能比赵高贱？我要学万人敌！"

项羽说要学"万人敌"，项梁就教他兵法，他又觉得这些兵法不入眼，于是开始逃学。

有一天逃学去玩耍，正好遇到嬴政的仪仗队经过，项羽一看人家的排场，就眼红了，非常愤恨地表示：少爷我早晚要取而代之！

项梁一看，呦呵！这小子志气不小嘛！从此就往这个方向上培养项羽。

陈胜吴广揭竿而起的时候，项羽正跟着项梁在绍兴混饭吃，绍兴地方长官殷通看到全国都在搞造反，为了撑时髦，也打算反一下。于是就找项梁来商量，说大家搞点大事业怎么样？

开玩笑，造反这种拿生命赌明天的事情，怎么能跟不靠谱的人一起干？项羽杀掉殷通以后，又单挑灭掉100多个殷通死党，没死的人都吓得趴在地上不敢动，地上出现一摊摊水渍。

项羽叔侄起兵以后，马上找到当年楚怀王的后人熊心，说让他当扛把子，要在他的英明领导下光复楚国。他们依旧拥立熊心为楚怀王，利用情怀大力炒作，人气不断飙升，附近的造反小队纷纷前来组团。项氏集团这时文有范增、陈婴；武有龙且、季布、钟离眜、英布。秦末最令人闻风丧胆的恶魔军团呼之欲出。

看过《秦时明月》的读者可能要问了：你把虞子期整哪去了？就是项羽的大舅哥子。这个笔者可以很明确地告诉大家：此人物纯属虚构。

刘邦当时正是冲着项家军的威名，才不管有没有交情，礼物都不带就上门求人情。

得益于项家军的威猛助力，刘三收回丰邑，好一顿攀附，竟和项羽称起了兄弟。

其实，刘邦这次借兵之行还有一个改变命运的收获，那就是收了个韩国人张良。

张良的先辈，在韩国五世为相。年幼的他曾无数次憧憬，将来自己接了班，一定要做个真心真意为老百姓办事的好官、清官。

然而，一切美好的愿景，都随着强秦的崛起化为了泡影……所以张良下定决心——我不见了的东西，一定要自己拿回来！

然而，张良虽有雄心壮志，奈何手上无兵，明反不成，于是决定搞暗刺，这就是著名的"博浪沙刺秦"。

结果大家都知道，失败了。

张良虽然暗刺失败，但一下子成了网红——全网通缉，全线飘红，因此不得不隐姓埋名。

这一天，张良在沂水圯桥头遇到一个邋遢老头，老头故意把鞋扔到桥下，还让张良捡回来并给自己穿上。

张良心情相当不美丽，但看对方一大把年纪，于是就从了——这就是孺子可教的由来。

老头觉得张良孺子可教，就说这样吧，你五天后再来，我教你团灭的战术。

张良来了两次，都因为没有老头早，被好一顿臭骂，白跑了两次。第三次，张良学聪明了，半夜就到桥上杵着，这次，张良得手了。

老头送给张良一本书，据说好好学习，就可以成为国家栋梁，这本书就是传说中的《太公兵法》。

陈胜吴广和秦朝死磕的时候，张良也趁乱组织了一支100多人的反秦小队，这点人，真不够给大秦塞牙缝的。为了不做无谓的牺牲，张良决定投靠自立为假楚王的景驹，途中正遇到无家可归颠沛流离的刘邦，

篇二
刘邦，没想到你竟然是这样的一个人

两人一见如故。

我们知道，秦末造反的大哥级人物非常多，张良怎么就一眼看上刘邦了呢？

因为刘邦这个人虽然没文化，但是很虚心，别人有什么好的建议，他都愿意采纳。

张良遇到刘邦时，给他出了几个阴招，他一点就透，并且使用阴招手法相当溜，两个人竟都有惺惺相惜，相见恨晚的感觉。

作为谋略家，张良深深知道，有头脑固然重要，但更重要的是有人愿意相信你的头脑，这次不期而遇，令张良将自己倾心托付。

刘邦和项羽攀上关系以后，自然投奔到项羽旗下。

两个人虽然都不把新楚怀王熊心放在眼里，但表面文章还得做。有一天，熊心借酒说：谁先打到咸阳，谁就做关中王。

按说论打仗，刘邦怎么也不及项羽，可这时项羽遇到了一件事，很大的一件事。

你真以为熊心喝多了，其实没有。这个时候，项叔叔因为骄傲被秦将章邯给弄死了。熊心见项羽岁数小没城府，就想用刘邦制衡项羽，让他们相爱相杀。

就这样，刘邦从项羽军团分离出来，一溜小跑去咸阳；项羽则一边跟章邯死磕，一边往咸阳走。不得不说，项羽这哥们真傻。

此时，巨鹿城下，章邯、王离一边喝酒撸串，一边重兵围城，压根没将五国援军放眼里。

巨鹿城外，齐燕韩魏四国援军一起看热闹，他们与其说是打援，不如说是打秋风。

巨鹿城内，赵王赵歇、赵相张耳火烧屁股苦不堪言，赵将陈余领兵数万驻扎城外不敢救援。所谓兄弟，友谊的小船说翻就翻。

山东曹县，距离巨鹿 300 多公里的地方，楚国救援军团正在休息，他们才休息 46 天，据最高长官宋义说，还可以休息 46 天。

项羽发火了，这么待下去，我还怎么去咸阳！手起刀落，直接把宋义抹了脖。当然，带着几万人做围观群众是熊心的意思。不过他敢跟项羽翻脸吗？显然不敢。

项羽来了！他知道以几万人马对抗数十万秦军意味着什么，但他是项羽。

狭路相逢勇者胜！此一战，不成功便成仁！

项羽鏖战巨鹿，自断归路：凿沉战船、砸碎锅灶——破釜沉舟就是这么来的。

有道是兵猛猛一个，将猛猛一窝。项羽一声狮子吼，提枪跃马杀入敌阵，项家军跟打了鸡血似的，个个以一当十，围观诸侯惊呆了！天啊，见过猛的，没见过这么猛的！

巨鹿之战，王离被捉，章邯投降，秦朝主力尽丧，名存实亡。项羽走上了人生巅峰！

战后，项羽召见各路诸侯，诸侯们吓得不敢抬头，一个个低头跪着走。

项老弟，你先喝着，哥给你表演个遁术

话分两头，这边，项羽在河北玩命打仗，牵制秦军主力；那边，刘邦趁机捡便宜，毫无压力地直奔咸阳。

秦宫赵高还在睁着眼睛说瞎话：目前，全国形势一片大好！我军在

河北巨鹿全歼六国联军！我家今天炖肉，下班谁也别走，都去喝酒！

等到刘邦来到咸阳城下，赵高一看瞒不住了，才放大招——杀了胡亥，把子婴捧上皇位。谁知子婴一上位，就把赵高杀了。嬴政这帮子孙后代，没一个按套路出牌的。

此时，咸阳兵力空虚，子婴心知不是刘邦对手，为了城中百姓免遭屠戮，只好向刘邦举起白旗。

刘邦进咸阳，见到后宫佳丽三千，眼睛都撑破额头了，看惯乡村妇人的他一下子就迷失了理智，一头扎进温柔乡。

萧何、张良等人一看，沛公这不开始飘了吗？这是要玩物丧志的节奏啊！赶紧劝他：那什么，项羽就快来了！

刘邦一听项羽二字，打了个哆嗦，立马正经了："伤害、杀害、抢老百姓东西的，一律重判！"

约法三章说的就是这件事。不过，你都烧杀抢掠完了，又在这装什么正义之师啊！

项羽听说刘邦进了咸阳，肺都气炸了：我在前线玩命打仗，你就跟熊心那小子一起算计我？什么兄弟！杀进咸阳，把刘三制成风干肠！

这边项羽刚要玩点狠的，谁知刘邦就立马认怂——还兵灞上，列队迎接项羽。

刘邦："阿羽，哥怕你累着，就帮你打了！"

项羽："说这话，你自己相信不？"

刘邦："阿羽你别不信，子婴我都给你留着呢！"

项羽："你真是我亲哥！"

刘邦三言两语就把项羽忽悠得一愣一愣的，项羽的亚父范增实在看不下去了。

范增："无脑生物是不是！流氓无赖说的话能相信吗？"

项羽:"人家认错态度挺好,我不好意思发飙。"

范增:"既然这样,那请他吃顿饭吧。"

项羽:"吃饭好,我就喜欢吃饭,就咸阳最大的鸿门酒楼。"

范增见项羽优柔寡断,于是自作主张,安排项庄舞剑,让他趁机宰了刘邦。

项庄好一顿耍剑,累得气喘吁吁,左等右等就是不见项羽下令杀人,心里也来气——你们累傻小子呢这是?

按说项羽带兵打仗这么多年,杀的人可能比杀的鸡都多,可今天不知道吃错啥药了,死活就是下不去手,气得范增心绞痛都快犯了。

刘邦市井无赖出身,别的本事不行,"见事不好,撒腿就跑"的本事绝对炉火纯青,眼见长剑在自己头顶抡来抡去,心中便有了算计。

刘邦:"兄弟,酒喝多了,上趟厕所!"

项羽:"瞧你这点出息,快去快回!"

这种情况下,缺心眼才回去呢。刘邦出了门,撒丫子就跑,范增放狗都没撵上,好歹捡回了一条性命。

这就是历史上鼎鼎有名的鸿门宴,它告诉我们:当你遭遇尴尬或危险的时候,别忘了门外还有个厕所。

篇三

楚汉争雄，比的是谁更无底线的聪明

就一个上午，3万项羽军把56万刘邦联军打得落花流水，斩杀20余万。刘邦辛辛苦苦拉起的队伍，几乎全军覆没。

刘邦这时候连老爹、老婆被抓都不管了，撒丫子就跑，跑路途中遇到自己一双儿女，抱上车继续跑，跑着跑着又觉得影响车速，几次三番往下踹！

…… ……

霹雳一声震天响，韩信背项投刘邦

却说刘邦逃回军营以后，第一时间就把子婴和咸阳送给了项羽，开玩笑，再不送礼，跑都没机会。然后，项羽就让阿房宫给子婴陪了葬。

现在天大地大，项羽最大。上市了个西楚集团，自己当CEO，号称西楚霸王，然后一枪捅死熊心，开始分封诸侯。

项羽威压之下，诸侯不敢叫板，嘴上说愿意去封地，心底不知把项羽家人问候了多少遍。

项羽："三哥，我想让你做汉中王！你有意见吗？"

刘邦："我去你……"

萧何捅了捅刘邦："还想要脑袋不？"

刘邦："我去你说的地方！"

汉中虽然靠着关中，但当时穷得叮当响，刘邦一百个不愿意去，不过萧何告诉他，那地方有发展潜力，最适合咱们队伍猫起来养膘。刘邦想想，去就去吧，不然也没办法，终究打不过人家啊！

项羽分封完诸侯，第一件事就是回馈家乡，他要把西楚国都定在彭城（徐州）。

有个很有见识的人，叫韩生，立马站出来反对："关中王气能见度十米，不选这里选哪里！"

项羽就像某些暴发户一样，发达了，不回家显摆一下，就觉得浑身

篇三
楚汉争雄，比的是谁更无底线的聪明

不自在，于是执意要定都彭城。气得韩生破口大骂："这不就是披着人皮的猴子吗！"

项羽一怒之下就煮了韩生。这里有个成语，叫沐冠而猴。

项羽带着队伍回彭城老家的同时，刘邦也带着队伍向汉中进发，一边走一边毁坏道路，其实是做给项羽看的：老刘我就宅在那个山窝窝里了，我当我的土皇帝，你做你的楚霸王，你就别防着我了行不？大哥！

这个时候，跟随刘邦一起去汉中的，还有一个大人物。是哪路神仙呢？

大汉："你不钻我裤裆，今天这个事儿没完！"

某人："大哥，你可别趁机排气啊！"

没错！这位正是被称为"兵仙"的韩信，不过，这时的韩信还没仙起来，只是个打杂的大头兵。

韩信父母早亡，穷得叮当响，混的饭都吃不上，于是东家吃完吃西家，村里没人不烦他。穷人躲他，他就开始吃大户，赖在当地一个亭长家蹭饭，一蹭就是几个月，亭长老婆不干了。

亭长夫人："二哈你快吃，要不有野狗来抢食！"

韩信："此处不留爷，自有留爷处！处处不留爷，爷去压马路！"

看见没，白吃都觉得天经地义、理所当然，好像我吃你是看得起你，要说这人的品性，真不咋地。

如果没有陈胜吴广，韩信也许一辈子吊儿郎当，大泽乡起义就像个炮仗，炸出一大批风云人物。

村民："霹雳一声震天响，韩信要去把兵当，男女老少齐鼓掌，全村从此奔小康！韩信再见，再也不见！"

韩信当兵的第一站是项羽帐下，项羽压根没拿正眼瞧他，只给个执戟郎中，就是帐篷外戳着的那个。

好在因为在项羽身边工作,韩信面见项羽比较容易,因此屡次向项羽献策,也活该项羽命绝于韩信之手,项羽竟对韩信的奇谋妙计置之不理。在项羽看来,一个"胯下之夫"算什么东西!你也配来给我出谋划策?

我韩信,未来的兵仙,能受这委屈吗?不能够啊!跳槽走人,跟了刘邦。

刘邦也觉得韩信没什么才能,根本没拿正眼瞧他,只给了个名为"连敖"的小官,就是个最下层的军队干部。

韩信在基层期间,因为违犯军规差点送了性命。当时犯法当斩者共14人,韩信榜上有名。行刑时,前面13人均已人头落地,轮到韩信,他对着监斩官夏侯婴叹了口气:"汉王不是要夺取天下吗?为什么要斩壮士?"

夏侯婴心里一惊,临死还有心思吹牛,这哥们真是个人才啊!遂"奇其言,壮其貌",从刀口下救下韩信性命。及至与韩信详谈,竟聊得十分投机。

夏侯婴性格直率,敢说敢做,既然发现了韩信这个人才,自然要去说给刘邦听。刘邦此时仍然没拿正眼瞧韩信:看你老夏的面子,让他去看仓库吧,那缺个抓耗子的!

就这样,韩信荣升治粟都尉。

萧何求贤若渴,听说夏侯婴从刀下救下一个人才,忙去与韩信谈心,一谈,顿觉韩信见识不凡,对天下大势分析得头头是道,韩信在他眼里直接升级为奇才。本着对刘邦事业负责的态度,萧何急忙跑去向刘邦举荐韩信。但刘邦仍未拿正眼瞧韩信,觉得他就是一个没有血性、钻人裤裆的。

韩信得知萧何数次举荐自己,而刘邦对自己熟视无睹,非常伤自尊,

篇三
楚汉争雄，比的是谁更无底线的聪明

老伤自尊了，蹭饭被人撵都没这么挂不住脸，小嘴一瘪含着泪就走了，招呼都没打一声。

萧何知道他有本事啊——就算埋没你，也不能让别人使用你，于是连夜骑马去追。

这就是萧何月下追韩信。

当时，刘邦率军西去汉中，他的部下们都觉得汉王太窝囊，极不情愿追随刘邦到西北。而且，汉军多数都是东部地区的人士，不愿远离家乡。所以，在汉军西行过程中，有不少将领和士兵都在路上开了小差。

韩信就是在这个时候跑的。由于跑的人太多，所以刘邦干脆听之任之，对区区一个韩信，当然更是无所谓了。

然而，忽然有人向刘邦报告，说萧相国也跑了。别人跑了无所谓，刘邦的股肱之臣萧何跑了，这可非同小可。刘邦急了，"如失左右手"。

过了一两天，萧何自己又回来了。刘邦一见萧何，且怒且喜，张口便骂。萧何道："臣不敢逃跑，臣是去追逃跑的人。"

刘邦不信，萧何解释说，他追的是韩信。

刘邦道："诸将逃跑的有数十个，你别人不追，为何偏偏去追韩信？一定是在骗我！"

萧何道："诸将易得，至于韩信，国士无双。大王若只想在汉中称王，用不着韩信；若是想争夺天下，非用韩信不可！就看大王怎么决策了。"

刘邦这才稍稍重视萧何的举荐。他说："看在相国的面子上，就用韩信为将军吧。"

萧何却不同意，说："虽用韩信为将，韩信还是要跑。"言下之意是，任命韩信为将军，官太小了。

刘邦一咬牙道："拜他为大将！"

这下萧何高兴了，说："幸甚！"

当时的大将，相当于执掌军权的大元帅。刘邦在萧何的劝说下，敢于将军权交给还是一个无名之辈的韩信，既是韩信的幸事，也是刘邦的幸事！

对刘邦来说，此举可能是他一生中最重要也是最冒险的决定。

在萧何的劝说下，刘邦为韩信举办了隆重的拜将仪式。

诸将听说汉王要拜大将，都很高兴，都觉得要拜的大将可能是自己。及至韩信登坛，众人都惊呆了。许多人都在底下窃窃私语：这不是那个懦弱无能的"胯下之夫"吗？他凭什么能做大将？汉王是不是吃错药了？或者我们是在做梦？

诸将不是在做梦，刘邦也没有吃错药。韩信的的确确成了刘邦的大将。

这里还有个成语，叫成也萧何，败也萧何。败也萧何，咱们以后再说。

因为韩信之前从没带过兵，既没功劳，也没苦劳，突然给他封这么大个官，同事们都很不服，尤其是从沛县就跟随刘邦的那帮老兄弟。

但韩信出山第一仗，就把他们震住了。这一仗很出名，叫——明修栈道，暗度陈仓！

兄弟们，趁项羽不在，把他老窝端了

当时，项羽在关中封了三个王，其中一个就是名将章邯。刘邦想出汉中，只有两条路：一是修好栈道跟章邯死磕，二是翻越秦岭出兵陈仓。翻秦岭可是个体力活，就算翻过去也累坏了，哪还有力气打仗？所以章邯压根没防备。偏偏韩信不走寻常路，表面修栈道迷惑敌人，暗地出兵陈仓，打了章邯个措手不及，大获全胜。

有读者可能要问了，为啥项羽不来救援呢？因为他现在正忙着跟齐国打仗，没有工夫。

项羽分封诸侯，全凭个人喜恶，导致诸侯纷纷不满，结果回彭城屁股还没坐热呢，齐国田荣就闹起来了。项羽虽然轻松灭了田荣，但为了泄愤纵兵屠戮，跟齐国人结下了梁子，齐人宁死不降，全民皆兵，不断游击骚扰，项羽也很挠头。

因为项羽被困在战争的汪洋大海之中，刘邦出关非常顺利，先后定三秦，收服河南王申阳、韩王信、魏王豹、殷王司马卬。队伍不断壮大，形势一片大好。

现在，主力纷纷归位，刘邦集团阵容空前豪华。

此情此景，刘邦感慨万千：终于要扬眉吐气啦！

下一步，刘邦把攻击目标指向项羽的国都——彭城！刘项二人第一次真正意义上的交锋，一触即发！

刘邦说给我打他！有人说稍等一下。

谁敢公然和领导叫板？是一位姓董的老知识分子，咱们就叫他董老好了。

刘邦："老头，你几个意思？"

董老："我就一个意思，打仗你不得意思意思？"

刘邦顿时懵了，这老头是说相声的？怎么云山雾罩的。

刘邦："你到底什么意思？"

董老："是这么个意思，咱应该整个叫板仪式。"

董老告诉刘邦，你现在也是有身份的人了，不能再像当年混街头那样，一说打架，拎着板砖就上，多没水平，多掉档次。咱现在打架要讲策略，要师出有名，大伙才认同。这样，你先找个理由抹黑项羽，这你再打他，是多么地冠冕堂皇。

刘邦说这事我倒想过，可项羽那小子现在是实力派偶像啊，怎么黑他？

董老阴阴一笑：黑人还用讲事实？非讲事实也有，熊心记得吧？谋杀领导这罪名够不够大？

刘邦："你们读书人，就是蔫坏。"

董老："大王明坏，彼此彼此。"

说干就干，刘邦马上召开叫板大会，在会上沉痛哀悼老领导熊心，撕扯衣服号啕大哭，那叫一个情真意切。

因为这场倾情演绎，刘邦一下子成了高尚的人，纯粹的人，忠义两全的人，诸侯纷纷前来组团，一个个好像都成了正义之士。

其实诸侯心里都清楚，熊心这倒霉孩子，落谁手里都是个死，要是换成刘邦，可能都死不见尸。现在为啥一个个都成了熊心的孝顺孩子呢？因为项羽触动了他们的利益。

篇三
楚汉争雄，比的是谁更无底线的聪明

有些人口中的道德，不过是他们掩人耳目的道具，是为了掩饰不可告人的目的，而编织的华丽外衣。这些人口中全是主义，心里全是算计。

好了，文戏告一段落，武戏马上开始。

说是马上开始，这其中还有插曲。

赵国实权人物陈余向刘邦提条件，说你杀了张耳，我就帮你。临战斩干将，这是闹哪样？一般人肯定不答应，但刘邦就答应了。

然后，他搞了个全军模仿秀，模仿张耳。最后选出冠军，没给人奖金也没签约，"咔嚓"一刀就给剁了。把人头送给陈余，说我按你说的做了，请兑现你的承诺！陈余被刘邦忽悠着就出兵了。看见没，刘邦就是这样一个不讲诚信，没有底线，为达到目的不择手段的人。

好了，规模庞大的反项羽统一战线集结完成，司马迁掰指头算了一下——56万！

进入西楚以后，刘邦联军如入无人之境，当然，不是他们战力有多强悍，而是项羽主力压根不在。刘邦的部队趁火打劫，一举攻陷彭城。

胜利来得太容易，令刘邦彻底放松了，当初在咸阳被项羽惊吓回去的个人享乐主义疯狂抬头。

刘邦：小伙伴们，疯狂起来！疯狂奏乐，疯狂舞！

在刘邦看来，项羽连自己的老家和女人都丢了，他这辈子没戏了。

然而，他错了，真正的好戏才刚刚开演。

项羽得知刘邦偷袭了自己的老巢，惊怒交集，早知道刘邦会背后捅刀子，没想到下手这么黑。那什么，龙且、季布你们几个继续打扫战场，我带3万人回去收拾刘三。

你没看错！不是30万，也不是13万，是3万！3万对56万！大家算算。

现在，我项羽就要灭你！不用几个月，不用几个星期，就一个上

午！读者朋友们，请相信自己的眼睛，你没看错！就一个上午，3万项羽军把56万刘邦联军打得落花流水，斩杀20余万。刘邦辛辛苦苦拉起的队伍，几乎全军覆没。

刘邦这时候连老爹、老婆被抓都不管了，撒丫子就跑，跑路途中遇到自己一双儿女，抱上车继续跑，跑着跑着又觉得影响车速，几次三番往下踹！

若不是有夏侯婴，恐怕就没有了后来的汉惠帝刘盈。

刘邦跑，项羽追，眼看就要被追上，铁定死无全尸，绝望中，奇迹发生了！

白日里，突然狂风骤起，飞沙走石，摧枯拉朽，如同黑夜，笔者揣测，大概就是台风、沙尘暴，日全食的暴走加强版吧。

在天气的"帮助"之下，刘邦侥幸逃脱，一溜烟跑到荥阳，躲起来不敢和项羽硬碰硬。

这段时期，刘邦的原配吕雉被扣押在西楚当人质，和一同被关押的小伙伴审食其还产生了深厚的感情。

用他们汉家一位丞相的话来讲就是——赔了夫人又折兵。

作为一个很有深度的阐史官，笔者给刘邦总结了两条教训：

一、骄傲使人落后。这句话从小老师和妈妈对我们说了无数遍，并且不断应验，笔者估计，刘妈妈当年肯定忘了对刘邦讲。

二、人多力量大，此话不假，但也不是真理。比如你拿全村的鸡蛋去砸石头，有用吗？

书归正传。

刘邦自己不敢再和项羽正面交战，就让韩信不断给项羽捣乱，顺便把周边的小虾米收一收。楚汉，开始了你来我往的拉锯战。

有一次项羽被刘邦撩急了，就把刘爸爸拎了出来，说刘三你再不给我跪下，我就煮了你爸爸！

刘邦说你想煮就煮呗，反正咱俩拜过把子，我爹就是你爹，你要煮咱爹，别忘了给我口汤喝！项羽到底没下得去手。读者朋友们，你们见过这么腹黑的人吗？

还有一次，刘邦挑衅骂项羽，啥难听拣啥骂，项羽抬手给了刘邦一梭子，一箭正中胸前。刘邦反应奇快——"不霁武道射我脚趾！"

刘邦这出戏，不光是演给项羽看，也是演给自己人看的，这个时候，只有军心稳定，才能对抗项羽。论演技，秦末汉初，刘邦第一。

你务必想方设法，给我策反英布

其实，这段时间，项羽也没有完全将精力放在刘邦身上，因为留守齐国的楚军此时也被田横的游击战搞得头昏脑涨，项羽一来，田横就跑，项羽回军彭城后，田横立即趁机收复三齐。所以，项羽必须重新整编楚军以面对新局势，制裁刘邦的动作自然迟缓下来，这也就给了刘邦喘息之机。

从大胜到大败，这个反转太快，刘邦不得不开始深刻反省自己。兵败彭城让刘邦明白，硬碰硬、面对面的较量，他永远不是项羽的对手，想要打败项羽夺得天下，就必须玩阴的。

待在下邑的那段时间，刘邦思考了很多问题，随后秘密召见了几位重要高层，询问他们："我愿意放弃函谷关以东的统治权，让给肯和我合作共同来对抗项羽的人，你们觉得谁能成为我们的重要伙伴？"

张良表示："能有效协助我们对抗项羽的，有三个人很重要，他们可享关东之地。九江王英布、彭越和韩信。英布和项羽有矛盾，彭越助齐据梁，这两个人都很彪悍，但头脑简单，容易为我所用；韩信在汉王帐下，用兵神出鬼没，无人能比。此三人得关东土地，必感激涕零，死力图报。"

刘邦表示：张良说得对，彭越、韩信好说，但英布是项羽旧将，怎样才能让他背楚从汉呢？"

张良微微一笑，慢慢说出八字箴言：晓之以理，动之以情。

策反英布并不是一件容易的事。英布本是项羽帐下一员猛将，在反秦斗争中屡建战功，受封为九江王。公元前205年，齐王田荣叛楚，项羽率兵北击齐国，向英布征调军队，英布借口有病不去，只派将领率几千人前往。汉军攻击彭城时，英布又借口有病不去打援，项羽因此恨上了英布，多次派使者责备英布，而且征召英布。英布愈发恐惧，不敢前往。

公元前204年11月，刘邦让随何去游说英布，可等了三天，连英布的背影都没看到。随何很不开心，便对太宰说："你家大王不接见我随何，必定是惧怕楚国，看不起我汉国，而我，正是为这事儿来的。假使我能见到大王，说得对，大王接纳；说得不对，杀掉我就是了！"

太宰将随何的这段话汇报给英布，英布觉得随何是个人物，便接见了他。

随何问英布："汉王派我恭敬地上书大王的驾车人，我私下感到奇怪的是，大王和楚王为什么这样亲近？"

"我是以臣的身份服侍他。"英布回答说。

"大王和项王同为诸侯，却向他称臣，必定是以为楚国强大，可以将国家托付给他。项王攻打齐国，亲自扛着筑墙器具，身先士卒，大王理应率领九江的全部军队亲自前往，充任楚军的先锋，您却只是派四千人去援助楚军。作为北面服侍人家的臣子，该这么做吗？汉王攻占彭城时，项王仍正在齐国作战，大王理应率全部兵力渡过淮河，到彭城和汉军作战。大王率领万人以上的人马，却无一人渡过淮河去参战，而是袖手观望两家谁胜谁败。将国家托付给人家的人，该这么做吗？大王用空名来依靠楚国，却又想自立为王，我个人认为大王这样做不可取。等项王腾出工夫，大王想想后果！"

随何动之以情，晓之以理，仍未能说服英布。当时楚国使者正住在九江王都城的客馆里，急着要求英布发兵。随何为促成英布叛楚，直接闯入王府，楚使当时正在和英布谈发兵之事。随何进入后，坐在楚国使臣的上位，说道："九江王已经归属汉王，楚国凭什么让九江王发兵救楚？"英布被随何的举动吓了一跳，楚使闻言起身而出。随何趁机对英布说："事情既然已经决定，可以立即杀掉楚使者，不能放他回去。我们急速归向汉国，合力与楚军作战。"

英布被随何搞得进退无路，只得杀掉楚国使者，宣布起兵攻楚。项羽派项声、龙且率兵攻击英布，项羽留在原地制裁刘邦。几个月后，龙且击败英布，英布想率领部队逃往汉国，又担心被项羽截杀，于是抄小路与随何一同逃归汉国。

英布到时，刘邦正在床上洗脚，下令召英布入见。英布见刘邦接见自己时竟然这般傲慢无礼，非常愤怒，后悔自己不该归汉。可既已叛楚，进退无路，就想自己弄死自己算了。等英布走出刘邦大帐，来到其为自己准备的馆舍，发现舍内的帷帐和所用之物、饮食和随从官员的标准都和刘邦一样，英布又"大喜过望"。

其实刘邦是有意这样做的，因为英布久已为王，担心他日后自尊自大，才对他慢待无礼，杀一杀他的傲气；又以优厚的物质待遇取悦英布，让他日后忠心为汉国效力。于是，英布派人去九江招纳旧部，此时项羽已派项伯收编了英布的部队，杀了英布的妻儿。

英布的使者找到英布的老朋友和亲属，率领数千人归属刘邦。刘邦增拨给英布一些士兵，和他一道北上。从此，英布逐渐成为刘邦帐下反楚大军中的主要力量。

把范增弄走，斩断项羽麒麟臂膀

在项羽对荥阳强攻不止，刘邦处境非常艰难之时，有个叫郦食其的人给刘邦出招，说大王你只要这样做，就能削弱项羽的力量。

郦食其建议刘邦封六国后人为王，以达到分化孤立项羽的目的。郦食其说："商汤灭夏桀后，封夏桀的后人为诸侯；武王杀商纣后，分封其后人为诸侯，商周都国运长久。秦始皇灭六国后，不封六国后人，使得他们无安身之地，这便是秦始皇失德之处，最终导致秦国速亡。大王您现在如果可以封六国后人为诸侯，他们的君臣百姓肯定会对您感恩戴德，愿意为您打江山。您如果得到了六国后人与百姓的拥护，项羽就会被孤立。"

刘邦当时就觉得，老郦这个建议靠谱啊！就准备派郦食其前往各国分封。张良得知此事后，立刻跑来制止刘邦："大王您如果真的这样做，您的宏图大业就完蛋了！"

篇三
楚汉争雄，比的是谁更无底线的聪明

刘邦不解其中之意，赶忙问张良为什么。张良从八个方面仔细做了分析：

"第一，以前商汤和武王伐夏桀和商纣后，之所以敢分封其后人为诸侯，是因为已经置敌于死地。您如今并未杀死项羽，怎么就敢分封六国的后人为诸侯呢？

"第二，武王进入殷商时，曾经封比干的墓，以争取殷人支持。您如今的力量还达不到占据项羽的地方，怎么能争取项羽部下的支持呢？

"第三，武王曾将商的粮食、钱财散发给百姓，以争取百姓的支持。您如今库房空空如也，没什么能散发的。

"第四，武王灭殷商后，将兵车和武器入库，表示不再动用武力，以减轻百姓负担。您如今正愁军力不足呢，哪能偃旗息鼓，不动用武力？

"第五，武王灭商后，将战马放牧在华山之阳的草原上，不再进行训练，与民休息。而您如今正愁军马不足，怎么可以让战马休息呢？

"第六，武王灭商后，将用于运输的牛，都放牧在草原，不再为军队搞运输。您如今也做不到这样啊。

"第七，现在将士们远离家乡和亲人，跟随您和项羽作战，目的就是胜利后能得到分封。如果您现在分封六国后人，那手下的将士知道后又该作何感想？他们就会另找主人，纷纷离您而去，谁还会再跟您打天下呢？

"第八，只要项羽的力量比我们强大，立六国后人之后，他们都会依附于项羽，而不会听您指挥，这样怎么能削弱项羽呢？"

刘邦听后恍然大悟，大骂郦食其："无能之辈差点因为听了你的话坏掉我的大事！"他立刻命人将刚铸造好的分封六国后人的印信销毁，再不提分封的事。

张良是韩国贵族，从反秦起义开始就极力主张拥立韩国后人为王。

69

他对韩王一直忠心耿耿，全心全意支持复国。从这个角度上看，张良应该是主张分封六国后人的。可为什么郦食其提出分封六国后人的主张后，他却在极力反对呢？

张良最初走上反秦的道路时，完全是为了复国。但是随着反秦起义的发展，秦朝被推翻，韩王成也在此基础上复国成功，可项羽却因为不想让韩王成复国而杀了他。其他六国后人不是因彼此的地盘拼杀，给百姓带来无尽的灾难，就是变成他人的傀儡。张良明白，自己曾经的复国信念在这个弱肉强食的年代是不可能实现的，只会让人民生活在水深火热之中。

张良原本抱着推翻秦国残暴统治、分封六国后人、让天下百姓过上太平生活的美好梦想，但是在现实面前，张良很快抛弃旧的陈腐观念，改变了自己的主张，在他的心里，让六国后人再立国远远没有让天下百姓得到太平生活更重要；而刘邦也因为张良的及时劝阻而避免走上错误的道路。

面对骁勇善战、天下无敌的西楚霸王，该如何削弱、孤立对手，是刘邦一直思考的事。郦食其分封六国后人的建议不可行，还有什么办法可行呢？

刘邦问谋士陈平："如今天下纷乱，我们不知道什么时候才能打败项羽，让天下安定、百姓安居。小陈你可有什么好的想法？"陈平分析了刘邦和项羽在性格方面的特点，提出使用反间计，制造项羽和身边人的矛盾，进而达到孤立项羽、削弱其力量的目的。

在陈平看来，项羽之所以天下无敌，是因为他尊重、爱护手下，愿意和将士同甘苦、共患难，做到身先士卒，因此很多有识之士都投奔了项羽。可项羽向来不舍得赏赐，所以那些重利之人就离他而去。

陈平接着分析刘邦身上的优缺点，觉得他喜欢骂人，对身边人缺乏

篇三
楚汉争雄，比的是谁更无底线的聪明

尊重和礼貌，因此那些自尊心强的人不愿投靠他。可刘邦舍得赏赐有功之士，所以那些追逐名利的人大都愿投奔他。陈平觉得如果刘邦愿意改掉身上的短处，将两个人的长处集中起来，就能迅速平定天下。可惜，刘邦生性不善以礼待人，恐怕短时间内难以改变。

项羽身边的重要谋士有范增、钟离昧、龙且、周殷等人，他们几个和项羽关系非同一般。陈平对刘邦说："项羽为人心胸狭隘、易信谗言。只要肯拿出数万金，进行反间活动，就能离间项羽和身边几个重要人物的关系，让他们互相猜疑。等到项羽孤立时，再以兵攻之，必然能击败对方。"

刘邦听了陈平的分析后，虽然对他批评自己感到不满，可仍然认为陈平讲得有道理。于是，刘邦拿出四万两黄金交给陈平，任由他实施反间计。陈平本是爱财之人，刘邦很清楚这一点。现在交给陈平四万两黄金其实就是对陈平的极大信任。陈平也极力完成任务，没有辜负刘邦的信任。

刘邦大军在荥阳前线的形势非常危急，项羽率大军西进，不断进攻汉军，两军展开了殊死搏斗。汉军顽强抵抗，楚军屡攻不破，双方相持不下。项羽想赶紧攻破刘邦的防线，于是找到范增商议对策。范增对项羽说："刘邦大军可以坚持这么久，主要是因为有敖仓的粮食在支持。如果想顺利攻下荥阳，必须断了他们与敖仓的通道，到时汉军没了粮食，自然会退回关中，我们再乘胜追击。"

项羽立即派钟离昧带兵去断汉军通道，汉军看守通道的周勃不敌钟离昧，通道迅速被切断。汉军的粮食供应不上，楚军又不断进攻，刘邦很难再应付下去。此时，张良建议刘邦向项羽提出休战和谈，以荥阳为界，以西归刘邦，以东归项羽。

此时项羽的粮草供应也有些不足，且将士们疲惫不堪，休战和谈符合项羽的意愿，可范增坚决反对。在范增看来，刘邦议和乃缓兵之计，说明汉军已经很难再坚持下去了，如果此时给刘邦喘息之机，必定后患无穷，楚军应该加紧进攻，一举消灭刘邦。项羽觉得范增说得非常有道理，于是拒绝了刘邦的和谈要求，而且准备更进一步进攻荥阳。

正在此危急时刻，陈平实施的离间计生效了。他第一个离间的对象就是项羽的大将钟离眛。他用金钱买通项羽军中的人做奸细，让他们在楚军中散播：钟离眛功劳最大，可项羽却不分封他为王，他心中不服，打算投靠刘邦，分项羽的领地。

这个流言迅速传到项羽耳中，已有前车之鉴的项羽在没经过任何调查的情况下轻信谣言，对钟离眛起了疑心，不再重用他。钟离眛是楚军中公认的将才，项羽不用他如同砍掉了自己的一只臂膀，陈平反间计的第一步成功了。

他离间的第二个对象就是谋士范增。陈平听说项羽的使者来了，于是命人准备丰盛的宴席，使者一到大营，负责招待的人便假装惊讶地说："我们还以为是范增的使者，原来是项羽的使者呀！"于是，将豪华的宴席撤下，改用粗茶淡饭招待。项羽的使者将在刘邦处的情况如实禀报。项羽立刻对范增起了疑心，不再听信范增的建议。

当时楚军正在全力围攻荥阳，范增觉得荥阳是刘邦的关键据点，务必集中全军之力迅速将其攻下，如此刘邦必然全线崩溃。此时的项羽已经对范增起了疑心，担心这是范增和刘邦的阴谋，所以没有集中全力趁荥阳防线未稳之前加大攻击力度。

范增得知项羽对自己起了疑心，既愤怒又伤心。一直以来，范增都在全力辅佐项氏叔侄夺取天下，如今项羽竟然因为谗言而怀疑自己。他心灰意冷，决心离他而去，便对项羽说："天下大势已定，请大王好自为之吧！希望您能赐我回到自己的家乡！"项羽并没有挽留范增。范增心痛不已，还未走到彭城，便死在了路上。

左手翻云，右手覆雨，刘邦灭齐

汉三年（公元前204年），刘邦终因多次触怒项羽，引来了项羽的全面打击，而此时，韩信正率领精兵出击齐国。刘邦处于孤立无援的状态，在项羽的持续打击之下，刘邦打算放弃成皋、荥阳等战略要地的争夺与固守，将主力收缩在巩、洛一带与楚军对峙，以阻止楚军的继续西进。

这时，郦食其从战略高度看出两军相争的形势已发生了有利汉军的变化。他指出不能退缩，而是要顶住压力、积极进攻，当务之急是夺取储粮丰富的敖仓。

郦食其分析道："敖仓是秦王朝长期经营、积聚的大粮仓，储存有大量粮秣。项羽虽然攻克了荥阳，却认为他们的粮食供给路线在东方，所以并未派军队坚守粮仓，而是率主力回到东方的梁国战场上去，只留下军队固守成皋，这无疑是留给大王的天赐之机。"

郦食其还指出："如今的形势是楚表面强大，可过不了多久就会被打败。在这样的形势下，大王打算率军西撤，放弃天赐良机，臣以为这是非常错误的决定。再者，楚汉相争，双雄不能并存，所以导致百姓骚动不宁，海内摇荡不安。闹得农民耕种误时，妇女不事纺织，天下人心浮动，不能确定政治倾向。如此非常时期，保存粮秣非常重要。此时大王仍要尽心整顿兵力，尽快出兵，收复荥阳，占据敖仓，据守成皋之险，切断太行之道，守住飞狐山口和黄河上的白马津，将楚军限制在梁楚之地。这样就能向其他诸侯显示我军已占有绝对优势，天下人就知道应向哪方靠拢比较有利。"

郦食其的策略在于显示汉军战略方面的优势，以弥补正面战场上的屡次失利，这是个颇具远见的军政良策。楚汉相争之时，项羽虽然凭借能征善战而屡战屡胜，但在战略方面缺乏远见卓识。此时刘邦掌有汉中、关中，韩信已攻下魏、代、赵之地，江南大本营的九江王英布已叛离，衡山王、临江王保持中立。

长时期陷于荥阳、成皋的消耗战，后方补给线屡遭彭越的破坏，项羽只好来回奔波，形势自然越来越不利。正是因为认清了当前的局势，郦食其才断定楚军的气势汹汹和汉军的极度困难都不过是暂时的，楚汉相争正在走向历史的转折。在这样的情况下，只要汉军充分利用楚军的弱点，采取积极进攻的策略，夺取并巩固几个战略要地，同时争取齐国的归服，战胜楚军就是完全可能的。

郦食其表示："现在，燕、赵等地尽已臣服于大王，就只剩下一个齐国还在负隅顽抗，而齐国沃土千里，兵强马壮，即便咱们百战百胜的韩大将军也不可能在朝夕之间拿下齐国，所以，大王还不如派我过去游说，让齐国俯首称臣，只是一句话的事儿！"

老郦虽然此前给刘邦出了个昏招，但好在刘邦并不是一个喜欢抓着别人小辫子不放的人，他听从了郦食其的建议，硬着头皮继续向东进军，而郦食其则来了个"单刀赴会"，直接找到了齐王田广。

对田广的游说，郦食其从两个方面下手：一是证明项羽这个人不可深交，二是推论天下必是属于刘邦的。郦食其表示：

汉王与项羽并力向西进军攻打秦朝时，在义帝面前立下盟约，先攻入咸阳的人就是关中王。汉王先攻入咸阳，项羽却背弃盟约，不让汉王在关中称王，却让他到汉中为王。

篇三
楚汉争雄，比的是谁更无底线的聪明

项羽迁徙义帝而且暗杀了他，汉王得知，立即发起汉军来攻打三秦，出函谷关而追问义帝迁徙之处，约集天下军队，拥立以前六国诸侯的后代。攻下城池立即给有功将领封赏，缴获财宝后立即分赐给士兵，与天下同得其利，因此那些英雄豪杰、才能超群的人才都愿意效忠于他。诸侯的军队从四面八方归降，汉的粮食船挨着船源源不断顺流送来。

项羽既有背弃盟约的坏名声，又有杀死义帝的不义行为；他从不记得别人的功劳，却总是记着别人的罪过；将士们打胜仗后却得不到奖赏，攻下城池也没有封爵；不是他们项氏家族的人得不到重用；对有功人员刻下侯印，却放在手里不愿意授给；攻城得到财物宁愿堆积起来也不愿意赏赐给大家。因此，天下人背叛他，有才华的人怨恨他，没有人愿意为他效力。

汉王带领汉军平定了三秦，占领了西河以外的大片土地，率领投诚过来的精锐军队攻下井陉，杀死了成安君；击败了河北魏豹，占有了三十二座城池；如同所向无敌的黄帝的军队一样，并非人力可为，而是上天护佑的结果。如今汉王已经据有敖仓的粮食，阻塞成皋的险要，守住了白马渡口，堵塞了太行要道，扼守住飞狐关口，天下诸侯如果想顽抗到底，只能被灭掉。您如果赶快投降汉王，那么齐国的社稷还能保全；如果不投降汉王，那么危亡的时刻随时会到来。"

齐王觉得郦食其的话有理，于是听从郦食其的话，撤除兵守战备，天天与郦食其一起纵酒作乐，就等着刘邦来收编齐国了。

结果，韩信趁着齐国完全没有防备，发动大举进攻，齐国灭亡。

灭掉齐国，刘邦急忙召韩信来帮自己打项羽。韩信表示："齐国很复杂，它的南面紧靠项羽领地，位置非常重要。为了能安定这里，请让我代理齐王，否则权力太小，难以镇住齐国百姓。"很明显，韩信这是在要官呢，他想当齐王，但嘴上说只想代理一下。

此时刘邦正在荥阳一带受项羽大军的围攻，形势危急。他看到韩信的报告后怒不可遏，当着韩信使者的面大骂："我如今被项羽围困在荥阳，都快被打得毫无还手之力了，日夜盼望韩信率军前来解围，可韩信攻下齐国后，不但不想法来助我，反而要代理齐王！"

当时张良和陈平正在刘邦身旁，听到刘邦骂韩信，偷偷用脚踢了下刘邦，并且在其耳边低声说："如今我们处境艰难，哪有力量来阻止韩信自立为齐王呢！不如因势利导，好好拉拢韩信，封他为齐王。否则一旦韩信不满，倒戈项羽，我们就完蛋了！"

听到张良和陈平的提醒，刘邦立刻醒悟过来，他呵呵一笑，随即改口道："大老爷们，要当就当真王，韩信也太没有出息了，代理啥，打今儿个起，韩信就是齐王了！"为了表示隆重，刘邦特意让张良代表自己，前去临淄封韩信为齐王。

韩信见刘邦如此重视自己，越发对刘邦忠诚。项羽接到龙且在齐国战败的消息后，十分震惊，他担心韩信从东面进攻自己，使他处在两线作战的不利局面。于是立刻派武涉为使者，想劝说韩信背叛刘邦。

武涉对韩信说："刘老三的命运几次都掌握在项王手中，可项王仁义，不忍心置他于死地，几次怜悯他，将他放了。而他呢？一旦挣脱困境，立刻回过头来攻击项王，可见这个人太不值得深交。如今，你觉得刘老三非常信任你，为他拼命打江山，可他迟早会翻脸不认人，用不着你的时候，就会毫不留情地将你杀掉。"

武涉又说："现在刘老三之所以器重你，是因为项王的力量非常强大。目前刘老三和项王争天下，你可以左右时局。你支持刘老三，刘邦可能会获胜；你支持项王，项王一定能打败刘老三。你当然可以支持刘老三，可是项王明天一败，后天刘老三就会收拾你，不信走着瞧！"

武涉为韩信指明出路："你和项王本就是老相识，项王一直待你不

篇三
楚汉争雄，比的是谁更无底线的聪明

错，你为什么不和项王联合收拾刘邦呢？将来可以取得三分天下而有其一的地位，而不是跟着刘老三做个小将领。你如此雄才大略的人，难道甘心一辈子受刘老三支使吗？"

不得不说，武涉对刘邦看得真准，他给韩信指的也的确是条明路。

韩信却对武涉说："我也曾跟随过项羽几年，不过是个郎中的官，只不过是拿武器为项羽守卫。我的建议项羽不听，因为无用武之地，我才离开他，投靠汉王。我到了汉王这里，受他重用，任命我为上将军，让我带领数万人的军队。而且他虚心听取、采纳我的建议，所以我才有了如今的地位。汉王如此信任我，如此重用我，我怎能背叛他呢？我不会背叛汉王，请你代我感谢项羽的好意。"

武涉离开之后，蒯通见刘邦和项羽都在极力争取韩信，知道韩信所处的位置举足轻重，想劝韩信自立，不再依附他人。

蒯通见到韩信后，先是对他说："我曾经学过相人之术。"

韩信很好奇："你相人相得准吗？"

蒯通故弄玄虚："一个人命的贵贱，看他的骨骼；喜怒哀乐，表现在外表上；至于事业的成败，则主要看他的决断。从这几个方面去相一个人，肯定准确无误。"

韩信也来劲了："那你给我相相。"

蒯通让韩信撤下左右才说："从你的骨骼看，贵不过封侯，前途又潜伏着不安定的因素；从你的面相看，你却是大贵之相。"

韩信不解："你这话什么意思？"

蒯通借此对天下大势大谈自己的设想："项羽在彭城打败刘邦后，一直追击刘邦到荥阳，取得了一系列胜利，威震天下。可如今项羽的军队被刘邦阻击在京、索之间，由于各方面不利因素，三年都没有进展。项羽军队的锐气已在刘邦险要的防线前受挫，粮食供应也出现困难，楚国

77

的百姓也厌倦战争，项羽恐难再坚持下去。"

蒯通继续分析刘邦的处境："刘邦拥有数十万大军，依据山河的险要地势建立起防线，但在军事上没有丝毫进展。他败走荥阳，又在成皋受伤，智勇都已受困，无法得到施展。"

蒯通又总结道："如今楚汉两军的锐气都在长年的对垒中受挫，他们想打开局面都很困难。后方的百姓也疲惫厌战，不知什么时候才能尽快结束战争。依我看，一定要有贤能之士出面干预才可以结束这场祸害。刘邦和项羽的命运就掌握在你的手中。你支持刘邦，刘邦就会战胜项羽；你支持项羽，项羽就能战胜刘邦。你最好的选择就是和刘邦与项羽都交好，采取平衡的外交，你自己独立，与刘邦、项羽三分天下，鼎足而立，谁都吃不掉谁。"

蒯通又分析了韩信在三分天下后的优势："以你的军事智谋，有这么多兵力，占据了齐国这样富庶的地方，燕、赵两地又听从你的指挥，你就控制了刘邦和项羽的大后方。你再根据百姓的愿望，出面制止刘邦和项羽间的战争，恢复暂时的太平，天下谁敢不听你的话！"

在蒯通看来，韩信因为战功赫赫，已经引起了刘邦的不安，他如今很难再协调与刘邦的关系。蒯通说："勇敢谋略超过自己主人的人，自身的处境就会很危险；功盖天下者，就无法得到赏赐。你此次北伐，渡过黄河后，俘虏了魏王豹；又在井陉口一战，杀了陈余，平定了赵国；接着又胁迫燕国投降；最后在伐齐战争中，还打败了项羽的20万援军，杀了他的大将龙且。你如今的威望已经危及刘邦的地位，立下了无法赏赐的功劳。你如今位极人臣，名望却高出了你的主人，谁都不敢容纳你。只有独立，才是你唯一的出路，如果还犹豫不决，处境就会越来越危险。"

韩信虽然听到蒯通的劝说有所心动，但是仍然下不了背叛刘邦的决心。他觉得自己立下了汗马功劳，刘邦不念功劳也会念苦劳，不会夺去自己齐王的位置，最终还是决定忠诚于刘邦。

当韩信将自己的最后决定告诉蒯通后，蒯通知道韩信没救了，给了他一个鄙视的眼神，拂袖而去。

刘邦失信毁协议，项羽垓下别虞姬

现在，虽然韩信承诺增援，但刘邦心里仍然没底，因为项羽打仗，从不讲理！

项羽，他也累了，这两年跟刘邦打架，连放暗箭、打冷枪这种损招都学会了，依然拿这个无赖没办法。而且自己的后勤补给也出现了严重问题。

这种情况下，二人签订了一个君子协定：以后一吵架要喊停，谁也不要给谁坏心情，把鸿沟当成界，西边归刘邦，东边归项羽。这就是楚河汉界的由来。

但是，刘邦他是君子吗？不是！所以君子协定对他没用。

项羽在协议上签完字，带着兄弟们转身往家走，还没走出多远，刘邦就带人去抄后路了。

你们可能都想象不到，刘邦就这么下黑手，还被项羽一通胖揍。

这么说吧，反正刘邦只要跟项羽碰面，几乎只有被吊打的份，武力值根本不在一个档次。

顺便提一句，这阴招又是张良出的。

再次绝望中，奇迹又发生了！

韩信和他的小伙伴们不知道从什么地方突然就冒了出来，联合刘邦残余力量，六路人马几十万大军，将项羽军团重重包围在垓下。

多年后，有人给此战术起了个名字——十面埋伏。

围住项羽以后，韩信开始杀人诛心，他让汉军的小伙伴们一起唱楚歌。

席慕蓉曾说：故乡的歌是一支清远的笛，总在有月亮的晚上，响起。

对项羽来说，四面楚歌，就是一把千钧重剑，彻底击溃了兄弟们的心理防线。

这个夜晚，注定充满血腥，这个夜晚，却因为一个女人成为千古奇景。

是夜，深夜，项羽饮如长鲸，他知道，人心被唱散了，队伍没法带了，这次真的败了！

男愁唱，女愁哭，当着美丽的妻子，项羽慷慨悲歌："力拔山兮气盖世！时不利兮骓不逝。骓不逝兮可奈何，虞兮虞兮奈若何？"

歌罢，回想江山美人，一世戎马，项羽忍不住潸然泪下。

看到自己的男人，这个曾经金戈铁马的盖世英雄，这个曾经横行天下的西楚霸王，如今如此萎靡消沉，虞姬心如刀割，她为自己的男人舞了最后一次剑，唱了最后一支歌："汉兵已略地，四方楚歌声，大王意气尽，贱妾何聊生……"

失败了，怎忍看你英雄气短、霸气尽失，我先走一步，黄泉路上，再为你披上金甲战衣！

这是一个悲凉的夜晚，这个夜晚又有一种无法言说的美丽……

霸王别姬，自此成为传唱千古的爱情绝响，古往今来，感动多少痴男怨女。

篇三
楚汉争雄，比的是谁更无底线的聪明

遗恨江东应未消，芳魂零乱任风飘，八千子弟同归汉，不负君恩是楚腰。

——阿羽，即便全天下的人都背叛你，总归我不负你。

怀中佳人已冷，英雄气概渐消，十面埋伏环绕，四面楚歌侵扰，男儿穷途末路，该当如何是好？

项羽冷冷地说了一句：突围！

800人，像后羿那支追日的箭一样，成功撕裂汉军数十万人组成的铁桶阵，听起来像个神话。

让项羽回到会稽，比放虎归山更可怕，韩信立即派出汉军最精锐的骑兵团追杀，领兵的是大将灌婴。

项羽一路血拼，居然成功渡过淮河，并且暂时摆脱了汉军尾随。

就在这千钧一发之际，项羽竟然，迷路了！

项羽："老乡，敢问路在何方？"

老乡："左转左转左转左转。"

是的，农民伯伯给项羽指了一条错路，完全是会稽的相反方向，究竟什么仇什么怨，笔者就不得而知了。

因为被忽悠着兜了个圈子，项羽再次被灌婴的骑兵团追上，此时此刻，他身边只剩28名亲兵。

项羽发表了最后一次演讲："想我项羽，霸气横溢，纵横沙场，所向披靡，老天眼瞎，我不服气！"

在项羽看来，纵观天下，没人是我对手，现在天要亡我，我死也不服！——满满的骄傲与愤怒。

演讲完毕，项羽环顾左右，悲凉一笑：看着，王再给你们演示一下终极奥义。

往来冲突，单挑碾压几百人，一个人再次突围成功。

乌江边上，隔岸就是家乡，希望触手可及。

项羽突然想起虞姬，想起死去的兄弟，生命在一瞬间似乎没有了意义……

当初八千兄弟一起渡江，何等豪放，如今形单影只狼狈逃归，哪有脸再见家乡父老？

算了，让一切都结束吧！公元前202年12月，项羽自刎乌江渡，享年30岁。

关于项羽这个人物，两千多年来褒贬不一。

八尺将军千里骓，拔山扛鼎不妨奇。
范增力尽无施处，路到乌江君自知。

诗人陆游认为，项羽刚愎自用，有勇无谋，失败是必然的。

生当作人杰，死亦为鬼雄。
至今思项羽，不肯过江东。

在李清照看来，项羽却非常有血性，不苟且贪生，堪称千古人杰！
男人女人，果然侧重点不同。

在笔者看来，项羽是一个非常复杂的人，他有英雄气概，也有狭促小气的一面；他刚愎自用，也不乏铁骨柔情。

他的失败也许早就注定，但不可否认，他是个失败的英雄，连以耿直著称的司马迁都对他毫不吝啬赞誉之词。

至于刘邦，笔者觉得，他不能以英雄来称呼，"成功者"这个词应该更恰当。

别吵了，和萧何比，你们差得太远了

刘邦灭掉项羽以后，开始论功行赏。

当时，赏赐以军功为首要，大家都在统计自己杀了多少人，打下了多少地方。谁也不谦虚，相互间争得面红耳赤，竟然争了一年多还没定下来。

这时，刘邦表达自己的看法了："我觉得萧何功劳最大。我决定了，萧何首功，封酂侯。"

武将们不愿意了，群情激奋："我们从沛县起兵一路跟随你，推翻了秦朝，又灭了霸王项羽。多的打了一百多次大小仗，少的也有五六十仗。打下的城池也各有多少。萧何不过是个文官，从来没上过战场，凭什么位置比我们高啊？"

刘邦这时来了个很有趣的比喻，他问那些武将："打猎你们知道吧？"

武将们回答："当然知道啦！总打。"

刘邦又问："见过猎狗没？"

武将笑了："当然见过啦！家里就养着呢。"

刘邦说："那好，咱就说打猎这事。打猎的时候，追兔子的是猎狗，但告诉猎狗去哪儿捉兔子的是猎人。如今诸位只是能猎获野兽，相当于猎狗的功劳。至于萧何，他能放出猎狗，指示追逐目标，那相当于猎人的功劳。高下立判了吧！"

众武将见刘邦这么说话，虽然心里仍是不服不忿的，但也没有人敢再多言语了。当面把有功之臣的成绩比作猪狗的功劳，历史上貌似也就只有刘邦这么一位皇帝。

"三杰"之一的萧何封侯时遇到的麻烦，位居"三杰"首位的张良同样也遭遇了一番。《史记·留侯世家》里写道："汉六年正月封功臣，张良未尝有战功。"这个"战功"就是军功！刘邦心里明白，按照军功封侯的标准，张良怎么也扯不上干系，索性亲自站出来为张良说话："运筹帷幄，决胜千里外，子房功也。"

诸侯分封完毕，之后的程序是颁布功臣排行榜，据史书最后公布的名单，榜上共列功臣18位。刘邦的意见，还是萧何荣登榜首。群臣再次反对。这次大家学聪明了，本着不立不破的原则，抬出了武将方阵中足以和萧何抗衡的领军人物曹参。

论出身，曹参跟萧何一样。都是刘邦的同乡，参加起义之前都是沛县小吏，两人共同推举刘邦当上了沛公。

论贡献，曹参后来向军界发展，居然作战骁勇，在随同韩信的灭魏、灭齐之战中均立有大功。

更为关键的是，曹参的事迹感人，这哥们一上战场就跟打了鸡血似的，冲锋在前、撤退在后，轻伤不下火线，几年下来，屡受重伤。群臣都说："平阳侯曹参身上受伤七十处，攻取城池，占领土地，功劳最多，应该排在第一位。"

刘邦正左右为难之时，关内侯鄂千秋就此事向刘邦进言说："群臣们的议论都错了。曹参虽然有攻城夺地之功，但这只是一时间的事情。陛下与楚军相持五年，常常丢了军队逃了士兵，自己也多次脱离险境逃走。但萧何经常从关中输送兵员补充汉军缺额，这并不是皇上的诏令，而是他自己主动做的,这样的情况有多次了。汉军与楚军在荥阳对峙数年,军中没有现成的粮食,萧何从关中通过水路转运粮食,供给部队。陛下多次丢失崤山以东的土地,萧何总是保全关中根据地以待陛下,这是万世不朽的功绩啊!怎么能把像曹参等人只是一时的功劳加到万世不朽的功绩之上?萧何应该功居第一,曹参第二。"

刘邦听了鄂千秋的话,觉得正合自己的心意,便说:"很好。"于是,刘邦确定萧何的功劳排列群臣之首。

刘邦对群臣说:"我听说举荐贤才的应该受上等赏赐。萧何功劳虽然大,经过鄂君千秋的申辩才更加明显。"于是,刘邦将鄂千秋改封为平安侯,给他加封了很多食邑。

刘邦建立汉朝后,如何对有功之臣进行论功行赏,成了一道不可忽视的难题。对功臣进行论功行赏,不是一件简单的事,如果处理不当,会伤害很多人的心,甚至会激起变故,造成政局动乱。对于萧何和张良的封赏,算是勉强让众人接受了,可是难题又来了。

话说刘邦先后封了大功臣20多人。其余的人日夜争功,都还没有封赏。刘邦在洛阳南宫,从桥上望见一些将领常常坐在沙地上彼此议论。刘邦问张良:"这些人在说什么呢?"

张良故意回答:"陛下不知道吗?这是在商议反叛呀。"

刘邦很是惊诧:"天下刚刚安定,为什么还要谋反呢?"

张良兜了个圈子说出了自己想说的话:"陛下以平民身份起事,靠着这些人取得了天下,现在陛下做了天子,而所封赏的都是萧何、曹参这些陛下所亲近宠幸的老友,所诛杀的都是一生中仇恨的人。如今军官们计算功劳,认为天下的土地不够一一封赏的,这些人怕陛下不能全部封到,又怕因曾经的错误而被诛杀,所以就聚在一起图谋造反了。"

听了这话,刘邦郁闷了:"爱卿,这事儿该怎么办呢?"

张良反问:"皇上平生憎恨,又是群臣都知道的,谁最突出?"

刘邦一拍大腿:"雍齿啊!我恨不得将他千刀万剐,碍于他功劳多,我又没什么理由,不好意思直接杀掉他。"

张良当即建议:"现在赶紧先封赏雍齿来给群臣看,群臣见雍齿都被封赏,那么每个人对自己能受封就坚信不疑了。"

刘邦微微一笑,张良,你小子就是损招多!于是便摆设酒宴,封雍齿为什方侯,并紧迫地催促丞相、御史评定功劳,施行封赏。

群臣吃过酒后,都高兴地说:"雍齿都被封侯了,我们还有什么好担心的!"

不得不说,张良就是鬼点子多,他一生多次为刘邦出谋划策,帮刘邦解除危机。封雍齿,是权谋中封仇人安人心的方法,这一方法在后世也多次被用到。唐代,李世民就重用李建成的谋臣魏征,使大批降臣人心安定。

这一原则是"杀一儆百""指桑骂槐"的反用,杀一儆百,是为了树"威",封仇人则是为了树"望"。威望对于统治者来说非常重要的东西,无威则众人不服,无望则众人离心。《易经》上"刚中而应,行险而顺"就是这个意思。

刘邦也不愧是个有大智慧的人,他善于透过事物的表象看清事物的本质。在建立汉朝的战争中,很多将领冒着生命危险浴血奋战,流汗流血,做出了巨大的贡献,功劳确实很大。但是,一直在后方全面主持国家政务的萧何,虽然不像前线将领那样有巨大的生命危险,却凭借自己的才智,将汉国的后方治理得安定有序,长期为前线提供稳定的人力物力保障。萧何对汉国所做的贡献,是汉国取得战争全面胜利的关键。刘邦见解独到,对萧何的功绩有着与众不同的认识,因此,他力排众议,坚持将萧何排列在众臣之首。而众臣在了解了刘邦如此论功行赏的理由之后，也都对刘邦的做法心服口服。就这样，刘邦以自己非凡的智慧，成功地解决了对功臣进行论功行赏这道难题。

非刘氏而王者，天下共击之

楚汉相争时，刘邦借着手下众多将领与背叛项羽的诸侯王而打败项羽取得天下，在战后不得不将功绩最高的一群将领封为诸侯王，在刘邦称帝之前，先后一共分封了八个异姓王，分别是：梁王彭越、楚王韩信、赵王张耳、淮南王英布、燕王臧荼、长沙王吴芮、韩王信、后燕王卢绾。这些诸侯王个个能征善战，各自拥有自己的军队战斗力，割据一方，几近各自为政之势。而且这八方诸侯统驭的面积加起来，要超过刘邦的汉郡。

这让刘邦非常担心，他担心，这八路诸侯万一造起反来各自为政，那刘家的江山岂不是瞬间就要四分五裂土崩瓦解了？于是，刘邦决计铲除诸侯王，进一步巩固自己的权力与统治。

第一个牺牲品是燕王臧荼，他在刘邦称帝的第一年就被刘邦以谋反罪灭掉了。

接着是韩信，刘邦在垓下之战获胜后即改封韩信为楚王，使其离开自己的根据地齐地，并于翌年设计将韩信掳至长安，降为淮阴侯，罪名同样是企图谋反。5年后，吕后对被软禁着的韩信仍不放心，与萧何合谋，把他骗到长乐宫钟室杀掉，并且株连三族。

韩王信害怕刘邦的猜忌，在极度恐惧之下干脆公开投降匈奴。但最后也逃脱不了被追杀的命运。

后燕王卢绾是刘邦的同乡，自刘邦浪迹沛丰市井之时，他们就是好朋友。汉朝开国前，卢绾一直是刘邦的亲信和心腹，但最后也被刘邦逼得逃亡匈奴，罪名又是有谋反企图。

赵王张耳本是刘邦的女婿，也因涉嫌谋反被废除王位，贬为宣平侯。

阳夏侯陈豨被逼反叛时，梁王彭越的部下曾劝彭越一同反叛，彭越犹豫着没有答应。刘邦得知此事，不但不表彰彭越的忠心，反而将他逮捕后处死。最残忍的是，刘邦杀了彭越之后，为了威胁警告其他将领和功臣，竟将他的尸体剁成肉酱。功臣们因此更加胆战心惊。

彭越事件后，淮南王英布自知不能幸免，也被迫铤而走险，起兵反叛。结果也被刘邦亲自统兵镇压。

这样，在汉朝建立的短短7年之内，刘邦就利用各种借口，将除远处偏远南方而又势力弱小的长沙王吴芮以外的所有异姓诸侯王相继铲除。

这个长沙王吴芮能活下来，原因有两个：

一是，在刘邦灭除其他七位诸侯王的过程中，吴芮已经深刻洞察到，这是刘邦在称帝之后进行收权，于是吴芮在刘邦面前极力表现忠诚，让刘邦觉得他没有野心，这让刘邦略感放心。

二是，吴芮在当地口碑确实很好，深得民心，刘邦需要他继续留任管辖当地，以稳定南方的政治、经济。如果刘邦执意要诛杀，必然会失去当地民心，也会引发闽越等地的反抗叛乱。

于是，长沙王成了唯一被保留的异姓王，免于一难，实属不易。

刘邦将异姓诸王清灭后，发现汉朝的控制力还只能停留在关中地区，在边疆地区却显得鞭长莫及，因此大封同姓诸侯王，实行郡国制，以保刘氏江山稳固。然而随着吕后势力日大,他担忧汉室江山被吕氏夺去,因此在其晚年与刘氏诸王杀白马为盟,以策万全。

那是刘邦去世前的一个月,他拖着重病之身将朝廷重臣和他的老婆吕雉聚集在一起,杀掉了一匹白马,对天盟誓。这就是在汉朝历史上影响极为深远的白马之盟。白马之盟共有两个内容:

第一,(对大臣们发誓)国以永存,施及苗裔(只要汉帝国存在,大臣们及其子孙就永远有酒喝有肉吃)。

第二,非刘氏而王者,天下共击之,若无功上所不置而侯者,天下共诛之。也就是说,非刘姓皇族成员不得封王,如没有军功不得封侯。

"白马之盟"的两个内容构成了一个整体,汉帝国对功臣诸侯们的厚待既是对其过去功劳的报酬,又是实现"非刘氏而王者,天下共击之"的基础,后者则是刘邦"白马之盟"的最终目的。

但他一死,这个规矩就被他的妻子吕雉打破了,吕雉先封她已故的两个哥哥,大哥周吕侯吕泽为悼武王,吕释之为赵昭王,以此作封立诸吕为王的开端。又封侄吕台为吕王,吕产为梁王,吕禄为赵王,侄孙吕通为燕王,追尊父吕文为吕宣王,封女儿鲁元公主的儿子张偃为鲁王,吕台去世后,谥号肃王,封其子吕嘉代吕台为吕王。又封其妹吕嬃为临光侯,侄子吕他为俞侯,吕更始为赘其侯,吕忿为吕城侯。吕雉先后分封吕氏家族十几人为王为侯。完全无视"白马之盟"中"非刘氏不得封王"的规定。

对于吕雉的做法,丞相王陵曾公开反对过,他大声指责陈平与周勃,"你们难道忘了高祖皇帝当初立下的盟誓吗?"虽然他的反对没有起到什么实质的作用,但这一态度至关重要,有这个态度在,就意味着分封诸吕的行为永远是不合法的。这就为后来诛灭诸吕奠定了现实基础。于是吕雉死后,周勃在军营里振臂一呼,吕家的势力瞬间就土崩瓦解了。

后来，汉景帝的皇后王皇后想让景帝封自己没有军功的哥哥为侯，当时的丞相周亚夫又把"白马之盟"拿出来说事，汉景帝只好作罢。

在西汉末年，王莽以外戚身份弄权，被封为假皇帝，最后篡汉，将此盟约撕毁。其后汉光武帝重建汉朝，此盟约再被重提。章帝时，皇帝几次要封皇太后的兄弟为侯，这位老太后都以"白马之盟"为由而婉言谢绝。

直至东汉末年曹操称魏王，其后其子曹丕继任魏王并篡汉称帝后，"白马之盟"才被彻底撕毁。

刘邦与大臣们杀白马而盟，是以秦亡的历史为借鉴，以异姓诸侯王的基本被剪灭为前提和以一批功勋卓著的布衣将相功臣为基础，这也是刘邦为巩固刘氏统治采取的最后一个影响深远的战略性措施。也正是他的那道遗嘱保住了大汉刘氏江山。

篇四

从淑贤到凶残，贤内助吕雉黑化那些年

> 对于审弟弟的心意，她吕雉怎会不知。
>
> 两年又四个月的人质生涯，他们相互安慰，彼此鼓励，荣辱与共，也许发生过什么，也许什么都没发生。
>
> ……　……

那些年，吕雉遭受的磨难与心酸

如果要票选中国历史上最凶残的女人，刘邦第一夫人吕雉一定会高票当选。

注意，这里用的是凶残，不是凶狠，笔者觉得，凶狠二字已经不适合吕女士了。

笔者当年读《史记》时，看到吕女士那些疯狂事迹，也是虎躯一震，头皮发紧，这简直是从地狱爬出来的恶鬼罗刹嘛！

但是，笔者作为一名优秀侃史官，必须站在客观的角度看问题。实际上，大美女吕雉早年一点也不凶残，而且是刘邦成功背后当之无愧的贤内助。她之所以性格大变，是有历史原因的。

其实，每个女人降落凡尘的时候，都是天使，每个女人性格巨变的背后，都有一个不愿回忆的故事。

那么，就让我们从吕雉的爱情故事说起。

吕家举家搬迁到沛县的时候，吕雉还不满二十，亭亭玉立，花样年华，又是名门之后，大家闺秀，求亲的人不知踏破了几道门槛。然而，都被吕爸爸和吕雉拒绝了。他们哪里看得上那些啃老富二代和浮浪登徒子。

那一天吕爸爸寿宴，县里来了不少名流，当然，也有不少混吃混喝的流氓。那一句吹破天际的牛皮，不仅惊呆了吕爸爸，也吹翻了吕小姐。骑白马的不一定是王子，也可能是唐僧；吹牛皮的不一定是流氓，也可能是帝王。可是嫁过去才知道，他竟然外面有人，还生了个大胖儿子。

篇四
从淑贤到凶残，贤内助吕雉黑化那些年

"罢了，原谅他吧！大龄剩男的日子不好过。"吕雉不断地劝自己，"他之所以犯错，是因为还没有遇到我，在没遇到我之前，他的情史我无权干涉。"

插一句话，刘邦没发迹之前，吕雉对刘肥没有任何苛刻虐待之举，笔者觉得，这对于一个古代少妇来说，相当难得。

村里人都说，刘三娶了吕雉，是癞蛤蟆中了头彩，可这个癞蛤蟆结婚以后依然死性不改。

堂堂的千金小姐，为了爱情，甘心成为农业机械和生育工具。她洗衣做饭，下地耕田，生儿育女，侍奉公婆，从来没有怨言。

可即便做到这种程度，命运还要继续整吕雉一把。

刘邦出了一次公差，就抛下一家老小，跑芒砀山当土匪去了。

吕雉因此犯了连坐之罪，手里捧着窝窝头，眼泪止不住地往下流……多少非人的折磨与痛苦，她自己咽下肚。

幸亏有萧何萧大人，左右周旋上下打点，才脱出牢狱之灾。吕雉一出狱便直奔芒砀山而去——"山里日子多苦，我得给他送些衣服和食物。"山道难，难于上青天，一路多少艰辛和凶险。

历尽苦难，久别重逢，她本有满腔委屈想要倾诉，她本以为刘三会抱着自己柔声细语，谁知他一见面就吹牛皮，还不断眨眼暗示自己。

"我在山里到处乱窜，你为嘛总能找到我？"

"风中有朵雨做的云，云的下面肯定是你！"

这么多年，不管刘邦做了什么错事，不管别人怎样说刘邦的不是，在吕雉心里，自己的男人都是最好的。

刘邦做了沛公，然后封王汉中，让吕雉觉得，自己无怨无悔的付出，是值得的。她现在终于可以头一昂对别人说："我选的男人，没错！"

彭城之败，刘邦再次丢下老人和自己独自跑路，令吕雉心里难免有

了一丝凉意。当项羽拿自己和公公做威胁而刘邦全然不顾的时候，吕雉的心里蒙上了一层阴影，但她还是不断告诉自己："他知道项羽的为人，才故意这样的！"

所以纵然在朝夕相处的日子里，对那个弟弟审食其产生了一种说不清道不明的感情，她也一直克制自己，不要做出越界的事情。

审食其是村里有名的英俊后生，能说会道，聪明又不狡猾，忠厚又不木讷。刘邦整天喝酒鬼混，家里家外一直都是审弟弟帮衬着，公公也很喜欢他。

项羽杀回彭城，刘邦早跑没了影，自己和公公被抓，审弟弟却甘愿相随。在那段晦暗不堪的日子里，刘邦不闻不问，不管不顾；审弟弟不离不弃，相伴左右，成了她唯一的精神寄托。

对于审弟弟的心意，她吕雉怎会不知。

两年又四个月的人质生涯，他们相互安慰，彼此鼓励，荣辱与共，也许发生过什么，也许什么都没发生。

好在项羽虽然性格狂暴，但人品不算太坏，始终未曾冒犯自己，想必，是因为他心里只有虞姬吧。

鸿沟协议以后，项羽遵守约定，释放了家人和自己，谁承想，将近一千个日夜的思念，换来的却是心碎一片。

自己在彭城受苦受难，刘邦却在这里和女人作乐寻欢，就算他刘邦现在身份不一般，怎么可以当着其他女人的面对自己不咸不淡！此情此景，让吕雉不禁想起了彭城的项羽和虞姬。

刘邦现在开心得很，人家遇到了生命中的真爱。这戚夫人是刘邦征定陶时得到的女子：年轻貌美，千娇百媚，人称中原第一舞，楚汉好声音，刘邦喜欢得连吃饭都抱着她。

二人在一起没多久，戚夫人就给刘邦生了个男孩，刘邦给他起名叫如意，母与子都如他的意。从此新欢在手，旧爱到头。

篇四
从淑贤到凶残，贤内助吕雉黑化那些年

吕雉彻底心寒了，曾经的患难与共，不过是一抹浮云。

好在，沛县的那帮老兄弟，只认她这个嫂子。

背叛虽然令她痛苦万分，但她依然可以隐忍，因为她不只是个女人，还是一个母亲。

公元前202年2月28日，她永远忘不了那一天。那一天，刘邦从王变了成皇，她成了皇后，儿子刘盈则成为太子。这又让她觉得，受再多的苦都是值得的。

谁知，那个女人竟然得寸进尺，打起了儿子的主意。她的逆鳞被彻底触动，仇恨的烈火在她心底熊熊燃烧！

儿子刘盈天性纯良，性格优柔，恐怕不是那些人的对手，作为母亲，她必须为儿子将来掌握国家大权扫清障碍。

她要感谢周昌，那个耿直又结巴的男人，是他在朝堂上仗义执言，才让戚姬的阴谋没有得逞。

对于敢为刘盈直言犯上的人，她以皇后之尊跪一下又何妨！

她还要感谢张良，又是他使出计谋，才打消了刘邦的坏主意。

正是商山四皓出头，才使刘邦彻底打消了更换太子的念头，回去跟戚姬说，人家羽翼丰满了，四大天王都请来了，撼不动了。

审弟弟……这么多年为自己母子竭尽全力，忠心不二，是时候给他点甜头了……

至于韩信，一定要杀！这小子自从被刘邦卸掉兵权，贬为淮阴侯，幽居京城以后，整天牢骚不断，刘邦一走，还有谁能降得住他？

民间传说，刘邦曾赐韩信五不死——见天不死，见地不死，见君不死，没有捆他的绳，也没有杀他的刀。刘邦亲征陈豨之际，韩信准备与陈豨里应外合，被人打了小报告。吕雉请萧何将韩信诓进长乐宫，用大钟将他吊起，再用黑布罩上，然后拿削尖的竹子将其捅死。败也萧何由此而来。

想夺我儿太子位，你想不得好死吗

公元前195年，刘邦征讨英布时被流箭射中，病情急剧恶化，死于长乐宫。

刘盈成为汉朝第二个皇帝，称汉惠帝，吕雉升级为皇太后。

刘邦与吕雉的爱情至此画上了一个句号，也许，早已画上了句号。

对于刘邦生前的女人们，吕雉没有太过为难，有儿子的就随儿子去封地，老实就行。唯独戚姬，这个破坏他们夫妻感情，还想夺取刘盈太子位的女人——你瞧好吧！

其实，吕雉最初也只是罚戚姬干点粗活而已，对比杀韩信、彭越等人的一步到位，已经很人性化了。这时要是认个怂，诚恳道个歉，也许就没事了。偏偏戚姬还是要作死。

"子为王，母为虏。终日舂薄暮，常与死为伍！相离三千里，当谁使告女？"

——戚姬干苦力嘴还不闲着，不停地唱怪歌。说我儿子好歹是个王，我这当娘的咋就活得这么窝囊，这日子没法过了！言外之意：儿子，你还不来替妈妈报仇！

吕雉笑了，你要是不说，我都忘了你还有个儿子呢！

于是刘如意被召进宫，毒杀。

据说，当时，刘盈听说母亲把刘如意召来，知道妈妈想要下毒手，赶紧派人把弟弟接到皇宫里，吃饭休息都跟他在一起。这两人从小一起长大，刘盈对这个弟弟非常疼爱，所以就尽自己最大的力量保护他。

吕雉虽然气得咬牙切齿，但有好几个月都没有找到机会对刘如意下手。这一天，刘盈清早起来出去打猎，刘如意由于睡懒觉，没有跟着去。吕雉终于找到了可乘之机，她派人送去毒酒，刘如意一命呜呼。

刘如意死了，刘盈的心都碎了，大哭了一场，用王的礼仪将同父异母的如意葬了，谥号隐王。

至于戚姬，给你活路不走，就别怪我心狠手毒！于是将戚姬做成"人彘"，还让刘盈来看。这一看不要紧，从此善良软弱的刘盈被吓出了毛病，他不再理朝事，每天饮酒作乐。

公元前188年，即汉惠帝七年，年仅24岁的刘盈带着满腔怨愁早早离开了人世。他只做了7年有名无实的皇帝。

刘盈谥号为"孝惠"，"惠"有"仁慈、柔顺"的意思，这个谥号概括了刘盈的一生。葬安陵。无庙号。"孝"意即孝子善于继承父亲的事业。此后，汉朝皇帝的谥号中都有一个"孝"字，只有西汉开国之君高祖刘邦和东汉的光武帝刘秀因为是中兴之主而例外。

吕后对刘邦的其他老婆还算善待，却对戚夫人下如此狠手，是不是也正反映出，戚夫人在得到刘邦宠爱的时候，确实有过很多让人无法原谅的行径。总之，任何事都是有因果的，戚夫人遭遇虽惨，却也不是无辜的洁白羔羊。

张嫣：一个政治联姻的无辜牺牲品

汉惠帝刘盈在做太子时因为年纪太小，没有娶太子妃。当上皇帝以后，吕雉为了搞所谓的"亲上加亲"，竟然做出了一个不符合人伦的决定，就是要把自己的亲外孙女嫁给亲儿子，也就是让张嫣嫁给自己唯一的亲舅舅刘盈。从后来的事情可以看出，刘盈和张嫣对吕后这种安排打内心里是不愿意的，但他们都不敢反抗吕后的命令，于是，只好自己受罪。

张嫣是鲁元公主与宣平侯张敖的女儿，从小受家庭教育的影响，端庄优雅，知书达理，且洁身自好。据说，她小的时候跟随母亲鲁元公主出入皇宫时，她的外祖父刘邦就让戚夫人抱着她，并对戚夫人说："你虽然美丽高雅，世上无人能及，但此女十年以后，绝非是你所能比的。"然而，美貌并没有给张嫣带来好运，相反却成了她的姥姥吕后企图长久控制皇权的一颗棋子。

张嫣嫁给刘盈时才不过10岁而已。刘盈当时是不同意这门亲事的，他说了两个理由：一辈分有差别；二张嫣年纪还小。吕后一一驳回，说："岁数小可以长大，甥舅关系也不在五伦之列。没事。"

在这件事上，刘盈没有选择的余地，他虽然是皇上，可皇权并不在手中，真正掌权的一直是他的母亲吕雉，他不过是母亲权威下的一个傀儡皇帝罢了。他心里虽然抵制，却也无可奈何。

张嫣也不愿意，舅舅抱着她逗她开心还是前几天的事呢，怎么突然就要做舅舅的老婆了呢？……这个弯儿一时半会儿还真就转不过来，何况当时她那岁数，不吓蒙了就是好事。

刘盈和张嫣虽然被迫做了夫妻，但婚后一直没有真正同房，即便睡在一个房间里也没有同床。不是二人身体有什么隐疾，而是心理上实在接受不了，他们的关系实在太近了，刘盈不忍心，张嫣也不能接受。也正是这个原因，张嫣一直没有怀孕。

吕后为了巩固自己的统治地位，于是设计教张嫣假装怀孕，然后再强取刘盈与宫女所生之子刘恭，谎称是张嫣所生，然后将刘恭的生母杀死，并立刘恭为皇太子。这一切，又怎么能瞒过当事人刘盈呢，只不过他不敢拆穿罢了。

吕雉去世以后，诸吕被诛，后宫又成为刘氏的天下，汉文帝刘恒即位。而张嫣虽幸免一死，却受到牵连，废其位而置于北宫，称孝惠皇后。北宫是未央宫后的一处极为幽静的院落。朝野都知道张嫣与诸吕乱政无关，因而没有在夷灭诸吕时杀死她。她生活在北宫中，无声无息，日出日落整整十七年。公元前163年，张嫣病逝，终年四十岁，与刘盈合葬安陵，不另起坟，谥号孝惠皇后。

张嫣死后入殓时，宫女们替她净身时才发现，张皇后至死都是完璧之身。消息不胫而走，天下的臣民无不怀念她，怜惜她。于是纷纷为她立庙，定时享祭，尊她为花神，为她立的庙便叫作花神庙。

刘盈守住了人伦，却始终无法摆脱亲生母亲带给他的痛苦，他拼命去其他女人那里寻找快乐，寻找能够麻醉自己忘掉痛苦的快乐。张嫣也守住了人伦，却从此失去了人生最起码的快乐。而这些，都是拜吕雉所赐。刘盈和张嫣一样，都是吕后权力欲望下的牺牲品。

吕氏封王，我话讲完，你们谁反对

刘盈死后，中国历史上第一次出现了女性临朝称制，吕雉和武则天之间，也只差个登基而已。

也许在潜意识里，吕雉是充满挫败感的——丈夫不可靠，儿子靠不了，她只能靠自己。

吕雉开始废立皇帝，杀刘邦子嗣，强化娘家势力，这也是汉朝外戚专权的开始。

刘盈的张皇后没有生儿子，吕雉命人从宫中抱来一个美人生的婴儿作为皇位继承人，并把那个美人给杀了。这个婴儿当了皇帝，历史上称为少帝。与此同时，独揽朝纲的吕雉准备封娘家人为王，但她又怕大臣们不同意，就征求右丞相王陵的意见。

王陵是个直肠子，他当场就表示反对，对吕雉说："不行！高祖在世的时候，曾经杀白马订盟约，规定不是刘家的人不得封王，没有功劳的人不得封侯，谁不遵守这个盟约，天下人共同讨伐他！如今您要封吕家的人为王，这是违背盟约的，我坚决不能同意！"

吕雉听了这话，很不开心。陈平和周勃见她神色有变，偷偷交换眼色后，互相微微点头，齐声说道："高祖皇帝平定天下，曾封子弟为王，今太后掌管朝政，分封吕氏子弟又有什么不可呢？"吕雉笑了，这话我爱听。

不久，吕雉耍了个"明升实降"的政治手腕，免掉了王陵右丞相的职务，令他去做少帝的老师。王陵很生气，表示我有病，告假回乡。这正中吕雉心意，她立即把左丞相陈平升为右丞相，把亲信审食其提升为左丞相。紧随其后，吕雉又向大臣们放出口风，极力鼓吹自己的侄子吕台，希望大臣们出来保封吕台为王。

自从王陵告病还乡，朝中正直的大臣也常托病在家，没有人再敢违背吕雉的意思，那些没脊梁的大臣纷纷附和吕雉，为吕台请封，吕雉把吕台封为吕王，把济南郡作为他的封国。不久，吕台死了，他的儿子吕嘉继为吕王。由于朝中无人公开反对，吕雉越发放开手脚，又封了几个王侯，其中封吕产为梁王，吕禄为赵王，吕台的儿子吕通为燕王，此外还封了六个吕家的人做列侯。

由于吕雉的专权，吕氏子侄一个个被破格提拔，吕雉恐怕刘吕两家互相争斗，就想了个亲上加亲的主意。她把吕禄的女儿嫁给齐王刘肥的二儿子朱虚侯刘章，又让赵王刘友、梁王刘恢娶了吕家姑娘为妻，希望可以使刘吕两姓相安无事。结果，刘友的妻子到长安告密，说刘友造反，吕后立即把刘友抓起来，活活折磨死。梁王刘恢也很快就自杀了。

待少帝渐渐长大，懂得一点儿人情世故以后，听说张皇后不是他的亲娘，吕雉不是他的祖母，他的亲生母亲已经被害死了，就愤愤不平地说："太后怎么杀了我的母亲？我现在还小，将来长大了，一定要替我母亲报仇！"这话很快就传到吕雉耳中，这还得了？于是，少帝被暗害。

吕雉又找了一个名叫刘弘的小孩子来做皇帝，也称少帝。刘弘没有年号，不过是吕雉手中的牵线木偶。到这时候，吕雉和她的侄子侄孙们，已经把刘氏的天下掌握在手中了。

吕后，对不起，我们要动手了

后期的吕雉虽然疯狂而偏执，但并非暴虐无道，在她的治理下，老百姓过得和谐滋润，社会犯罪率极低。单论治理国家，吕雉是个好领导。

当时有个叫冒顿的匈奴王，公然调戏吕雉。这还得了！大家撸胳膊挽袖子准备讨伐匈奴。

其实，这时的汉朝并不具备灭掉匈奴的实力。吕雉于是听从季布的劝阻，找了个年轻貌美的宗室姑娘嫁给冒顿，避免了一场战祸，更为汉朝换来了和平发展的良机。

公元前 180 年，吕雉病逝，与刘邦合葬在一起，不知道她心里愿不愿意。

因为吕雉不是皇帝胜似皇帝的彪悍事迹，司马迁特意将她列入"本纪"，享此殊荣的只有她和项羽。

当时，诸吕专权，想篡夺刘氏江山已久。

齐王刘肥的儿子刘襄看出了诸吕的野心，一待吕雉安葬之后，他便召集心腹手下说："奸人当道，国将危矣，我想起兵讨逆，还望你们为国出力。"

心腹手下没有异议，刘襄立即写信给刘氏诸侯王，控诉诸吕的罪行，并亲自率兵攻打吕氏诸王。

刘襄起兵的消息传到京师，相国吕产十分惊慌，他对吕禄说："刘襄乃汉室宗亲，他带头闹事，恐怕其他刘氏诸王也不安稳，这件事该如何应对呢？"

吕禄说："我们掌握朝政，执掌南军、北军，自不用怕刘襄了。以我之见，我们应该即刻发兵讨伐，消灭刘襄，以绝其他刘氏诸王之念。"

吕禄、吕产商议后，决定任命汉朝元老重臣灌婴为讨伐刘襄的主帅，二人还当面对灌婴许诺："你德高望重，战无不克，朝廷命你出征，相信你一定会灭掉逆贼。回师之日，朝廷会更加倚重于你，绝不食言。"

有人劝灌婴不要挂帅，因为："刘氏乃高祖之后，他们看不惯诸吕所为，怎能算逆贼呢？你此去无论成败，都将背上助纣为虐之名，应当力辞不就啊。"

灌婴表示："诸吕势大，如果我当面抗命，我死事小，误国事大。他们改派他人，势必有一场大的厮杀，我却可借机行事，消此巨祸。"

篇四
从淑贤到凶残，贤内助吕雉黑化那些年

灌婴做出积极备战的样子，诸吕都对他不疑。吕产的一位谋士担心灌婴不忠，于是他对吕产说："灌婴忠心汉室，为人正直，他这样痛快领命，不是很可疑吗？万一他中途有变，我们就被动了。"

吕产不以为然，傲慢地说："我们吕家权倾天下，识时务者是不会和我们作对的。灌婴在朝日久，此中利害他自会知道，有何担心的。"

吕产的谋士说："灌婴一旦领兵在外，我们就控制不了他了，难保他不会生变。为了安全起见，大人当派心腹之人征讨才是。"

吕产自恃聪明，拒不接受谋士的劝告。

灌婴率兵到达荥阳，传命就地驻扎，不再前行。不知情的将领追问灌婴缘由，灌婴以各种借口搪塞。私底下，灌婴召集心腹说："诸吕存心篡汉，我们身为汉家臣子，绝不能听命于他们。我现在将大军引领在外，就是威慑诸吕，诸吕都是色厉内荏的小人之辈，有我们在，我想他们是不敢妄动的。"

灌婴驻扎荥阳不动，诸吕果然慌乱起来，吕禄催促吕产谋变，吕产却说："灌婴大军在外，已是我们的敌人了，他这个人善于打仗，我们不是他的对手啊！现在形势大变，于我不利，还是从长计议吧。"

诸吕有了顾忌，灌婴趁机加紧联系刘氏诸王，准备合力讨伐诸吕。他在给刘氏诸王的信中说："诸吕不怕天谴，却怕眼前的祸患，对他们只有合力同心加以讨伐，才是救朝廷的唯一途径。他们并不可怕，可怕的是我们对他们抱有幻想，心怀观望。"

刘氏诸王深受触动，暗中响应。与此同时，京师的太尉周勃和丞相陈平也联起手来，在未央宫捕杀了吕产，继而将吕氏家族一网打尽，安定了汉室江山。

胜利后，大家觉得吕雉立的刘弘不配当皇帝，于是废了他，迎代王刘恒继位，史称汉文帝。

刘恒和他的儿子汉景帝刘启都是治国小能手，在他们的努力下国家日益繁荣，这就是文景之治。

客观地说，文景之治，少不了"吕治"的功劳。

吕雉独立掌政25年，虽然满手血腥，但是她也有一些为人称道的政绩，先是辅助高祖划谋定策，争夺天下，后来又减轻百姓负担，导正社会风气，废除许多繁苛的法令，尤以废除"三族罪"和"妖言令"为百姓所称道。《史记》和《汉书》都称赞她："高后女主，制政不出闺阁，而天下晏然，刑法罕用，罪人是希，民务稼穑，衣食滋殖。"

虽然为解心头之恨，吕雉的手段残忍到令人发指，但她也为此背上了千古骂名。

很多人无法理解，为什么一个女人可以如此凶残，却忽视了，一个凶残的女人背后，往往有一个无情男人。

女人，母性使然，凶残起来也有限，除非有人撕裂了她的爱情，又企图伤害她的孩子，若如此，再善良的女人也会发狂。何况吕雉如此刚烈。

当然，笔者不是为吕雉开脱，笔者只是想说，史上最凶残的女人，也不是一天炼成的。

笔者依稀记得，刘邦芒砀山落草为寇的时候，有一个女人跋山涉水去找她的丈夫，她没有抱怨，也没有痛哭，她笑着说："风中有朵雨做的云，云的下面肯定是你！"

笔者觉得，所谓爱情，不过如此。

篇
五

"不做事"也能建盛世，史曰"文景之治"

> 这天，刘邦在成皋台上看风景，管夫人和赵子儿两位美人陪伴左右。这二位记性还不错，聊着聊着就聊到了当年与薄姬的约定，边说边笑。刘邦听闻美人笑声，插口询问缘由，二人便将往事一一道出。刘邦一听是魏王豹的妻子，就像后来的曹操一样，征服者的怪异心理瞬间涌现出来，当天晚上就把薄姬召来了。
> ……　……

薄姬笑了，当年的预言原来应验在这里

刘恒的横空出世，其实也有一段故事。

刘恒的妈妈名叫薄姬。这个薄姬，起初是别人的老婆，她的老公叫魏豹。

薄姬的本名，现在说法多种多样，真实姓名已不可考，但说到她的身世，可以说既很好，却又很惨。

薄姬是苏州人，母亲是魏国的王族，但她却不是"合法出生"，而是私生女，又兼秦朝治下，六国王族的身份非但不值钱，反而颇受打压，小时候的生活，可以说是穷困与白眼交加。这日子得忍，忍了没几年终于苦尽甘来，大泽乡起义一声炮响，六国遗民翻身迎解放，凭王族身份，成年后她嫁给了魏王豹为妻，也算是王族贵妇。

这魏王豹虽说是一方王族，人生追求却也不大。秦末农民战争中，起先他就想着跟对一个好主人，安安稳稳地讨一块封地，关起门来当王爷。却偏偏有个叫许负的算命先生，见了薄姬后立刻惊叹："此女子将来会生个天子！"

就这一句话，魏王豹的心思活络了：她生的儿子是天子，我是她老公，那也就是说……

心思活络了，行为也就活络了，好好的魏王也不想当了，立刻扯旗造反，跟正在打天下的刘邦撕破脸——算命的都说我老婆的儿子是天子，

篇五 "不做事"也能建盛世，史曰"文景之治"

我还怕你作甚！

可他哪是刘邦的对手，被曹参几下子打得稀里哗啦，魏王豹兵败身死。许负的卦，他到底没弄懂：你老婆生的儿子做天子不假，可这天子的爹，却未必就是你。

没弄懂的后果，对于薄夫人是严重的。王族贵妇是做不成了，摇身一变成了罪犯家属，发配到皇宫里当奴仆，负责在纺织房当织女。这织女的活可不好干，整个皇宫上至帝王皇后，下至太监宫女，里里外外穿的，全都出自织女之手。劳动量大，工作辛苦，地位也低贱得很，最重要的是人生没机会。皇宫里的女子，名义上说都是皇帝的老婆，再苦再累，改变命运的办法，就是被皇帝看中，得到宠幸，最好能生个一男半女，也就有苦尽甘来的希望。可混在纺织房，这个想法就很不靠谱：有哪个男人会闲着没事，跑来看女人织布呢？没办法只能继续忍。

可不靠谱的事情，偏偏就发生了。

薄姬年轻的时候，与管夫人、赵子儿是闺蜜，她们就像陈胜与人约定"苟富贵，勿相忘"那样，发誓以后无论谁飞黄腾达了，都不要忘记其他两位。后来，管夫人和赵子儿果真飞黄腾达了，成了刘邦身边受宠的女人。

这天，刘邦在成皋台上看风景，管夫人和赵子儿两位美人陪伴左右。这二位记性还不错，聊着聊着就聊到了当年与薄姬的约定，边说边笑。刘邦听闻美人笑声，插口询问缘由，二人便将往事一一道出。刘邦一听是魏王豹的妻子，就像后来的曹操一样，征服者的怪异心理瞬间涌现出来，当天晚上就把薄姬召来了……

这是正史的说法。野史上也有说法，说是刘邦那天走错了门，误入了她的房间，也就顺水推舟将错就错了。心血来潮也好，将错就错也罢，她和刘邦，也仅仅做了这一夜夫妻，那夜之后，刘邦再没来过。

可"低概率"的事件再次发生了,就这么"一夜夫妻",忍了好多年的薄姬竟然怀上了,10个月后婴儿呱呱坠地,是个大胖小子。这就是刘邦的四儿子刘恒。凭此机缘,她也终于在后宫嫔妃里占有了一席之地,有了作为妃子的名分。

刘邦宠幸她,原本只是心血来潮,现在见她连儿子都有了,目标达到了,就不肯到她这里来了。

孤寂的薄姬,默默无闻地僻处掖庭一角,抚养着刘恒。由于极其不受宠爱,偏偏又生了儿子为诸宠姬所妒,薄姬的处境可想而知。渐渐地,她养成了谨小慎微、凡事忍让的态度,就连照制度派来侍候她的宫女,她都不敢得罪。在刘邦的后宫中,薄姬母子几乎成了"好欺负"的代名词。

这样的处境,当然是苦恼的,但是世事就是那么翻云覆雨,难以预料。

等到戚夫人中箭落马,吕雉秋后算账,被刘邦宠幸过的女人都没什么好下场,一时间众芳凋零,只有薄姬逃过一劫,倒不是吕雉另眼相待,恰恰相反,吕雉压根不拿眼皮子夹她一下,在男人那里不得势的女人,也会被同性看轻,谁会跟一个看不上眼的人较劲呢?另外在被丈夫冷落这方面,吕雉觉得自己与薄姬多少有点同病相怜,于是吕雉挥挥手把她饶过,集中精力对付曾让她嫉妒得眼睛里滴血的戚夫人。

正因此,薄姬意外地得到了吕雉特别的恩遇:薄姬被吕后送往儿子刘恒的封地,不但让她母子团圆,更给予她"代王太后"的称号,使她成为大汉王朝仅次于吕后的贵妇人。

刘恒被封为代王的第17年,即公元前180年,吕雉去世。大臣们商议着拥立谁来继承皇位,他们都害怕朝堂上再出现一位吕雉那样的太后,这时软弱无依的薄姬母子就进入了他们的眼中……

篇五
"不做事"也能建盛世，史曰"文景之治"

当皇帝，最要紧的是小心翼翼

刘恒在刘邦的众多儿子中是很幸运的。刘邦共有8个儿子，吕雉仅生了一个，即惠帝刘盈。在刘盈去世后，吕雉为了使自己长期掌握政权，对刘邦其他的儿子们大开杀戒，共杀掉4个。吕雉死时，刘邦的8个儿子只剩下了刘恒和刘长。

在刘邦的众子中，刘恒是最不引人注目的一个，这和他的母亲有关。薄姬因为很少得到刘邦的临幸，甚至长时间都见不到刘邦一面，地位一直是"姬"，没有升到"夫人"，所以，刘恒从小就做事小心，从不惹是生非，给大家留下了很好的印象。在刘恒8岁时，30多位大臣共同保举他做了代王。虽然地位没其他王子那样显赫，但这恰好帮他躲过了吕后的迫害，幸运地活下来。

吕雉死后，陈平、周勃携手皇族势力灭了吕氏势力，他们觉得吕雉立的小皇帝刘弘不是刘盈后代，不符合皇位继承的法统，决定废掉他，另立新君。那么，立谁比较好呢？

最后，刘恒由于生长环境的原因，平素表现得非常善良温柔，又没有姥姥家人给他拖后腿，所以就被票选为新一任大汉帝王。

接到委任状的刘恒是又喜又忧，喜的是，自己和妈妈熬了这么多年，终于熬出头了，忧的是，朝中局势如此复杂，自己能应付得了吗？他自己无法决断，于是就询问身边人的意见。

郎中令张武表示：大王您千万不能去啊！您琢磨琢磨，朝中那群家伙都是当年和高祖打天下的人，个个都是豺狼虎豹，哪个不是老谋深算？以前高祖和太后在的时候，还能降住他们，大王您这么年轻，肯定不是他们的对手。臣猜想，他们对您一定没安好心，大王不如告诉他们自己病得不轻，看看局势再说。

听了张武的话，刘恒更加忐忑了，他又把头转向中尉宋昌，宋昌则表示：大王别听张武瞎说！朝中那帮老家伙的确身经百战，不好对付，但他们还不是心甘情愿辅佐高祖？陈平、周勃他们平诸吕，还不是以您刘家的名义起兵，才能一呼百应？您刘家才是人心所向，大王您怕什么？退一万步说，就算朝中有人心怀不轨，可京城内有刘姓王掌权，京城外有刘姓王掌兵，您就算借那帮大臣一百个胆子，他们也不敢冒险搞事情！要我说，大王应该抓住这个好机会，赶快进京登基！

按理话已经说到这个份上，刘恒应该能够定夺了，可他还是举棋不定，左思右想，也想不出个所以然，于是又去找母亲商量。对此，薄太后也拿不定主意，母子二人最后决定，用占卜问前程——吉，就去当皇帝；不吉，就坚称我有病。

占卜的结果是一个"大横"，意思是：大横所裂的纹路很是正当，我不久要即位天王，将父亲的伟业光大发扬，就像启延续禹的那样。

占卜的人向刘恒解释，天王即做天子，比现在一般的王要高一级。

吃了这颗定心丸，刘恒终于下定决心——豁出去了，进京！为防万一，刘恒在向长安进发的过程中小心从事，生怕又中了计，命丧黄泉。他先是派舅舅薄昭到长安探听虚实，在离长安50里的时候，又派宋昌先进城探路。最后，小心翼翼地刘恒终于在陈平等人的拥戴下平安地继承了皇位，住进未央宫是为汉文帝。

因为得到皇位不易，刘恒即位后首先任命自己的心腹负责守卫皇宫、

篇五　"不做事"也能建盛世，史曰"文景之治"

京城，从根本上保证自己的人身安全。然后，对于拥立他做皇帝的功臣们一一赏赐、封官晋爵，也为被吕雉贬斥的刘姓王恢复了称号和封地，同时，对于跟随父亲刘邦开国的功臣们也进行赏赐、分封。这些措施使他的帝位进一步得到了巩固。

除了用拉拢的手段巩固权势外，打击重臣也是刘恒巩固皇位的一项有效措施。

周勃因为拥立刘恒有功，所以每次上朝结束后，出来时总是很骄横的样子，似乎也不把刘恒放在眼里。刘恒却对他更加有礼，经常目送他离去。

有人劝刘恒，不该对周勃这样重礼，有失君主的身份。从此，文帝的神色变得越来越严肃，而周勃则越来越敬畏。周勃的属下及时提醒他："小心功高盖主，引火烧身。"周勃如醍醐灌顶，猛然醒悟了。于是辞去了右丞相的职务，刘恒很快也答应了。

一年后，因为陈平谢世，刘恒又任命周勃做丞相，但仅10个月后，刘恒又以列侯归封国为借口，免除了周勃的相职。

当时，很多列侯都住在长安，这给京城的粮食供应增加了负担，所以，刘恒就下诏命列侯到自己的封国去生活，即使朝廷恩准留在京城，也要将自己的儿子派到封国去。但很多人找各种各样的借口留在京城，这使刘恒很生气，便让丞相周勃带头做表率，免了他的丞相职务。

后来，有人举报周勃在家常身披盔甲，有谋反之心，刘恒马上抓了他。周勃赶忙通过刘恒的舅舅薄昭向刘恒说明实情：被罢免丞相职务后害怕被抓，所以家中有些防备，但没有反叛之心。

刘恒在重新调查后，没有发现周勃谋反的事实，便释放了他。与封建时代很多皇帝相比，刘恒做得确实很宽容。

不过这样一位宽容的皇帝，竟也做出过逼死亲娘舅的事情。

舅舅，你不死，朕不安心啊

刘恒逼死的这个舅舅，就是曾帮他到京城打探消息的薄昭，也是薄太后唯一的亲弟弟。刘恒当了皇帝，尊母亲薄姬为皇太后，舅舅薄昭被封为轵侯，所任职务是车骑将军。

刘恒杀舅的原因是薄昭杀死了朝廷使者，薄昭为什么杀朝廷使者史籍缺少记录，从这点可以看出，薄昭杀使者应该是临时起意，不是长期作恶的肆无忌惮行为，也不是预谋着某项重大行动。

刘恒既不忍心下令杀死母舅，又不愿别人说自己执法不一。最后他想了一个办法，让薄昭自己认罪、服罪。

他首先指使一些公卿大臣上薄昭家喝酒，在酒席上，大伙都劝薄昭自杀，但薄昭不干，大臣们无可奈何地回来了。可是这个皇帝外甥是铁了心要舅舅死，命令大臣们穿上丧服，一起到薄昭家里大哭，上演了一出活出丧的闹剧。薄昭明白了外甥的决心，知道自己已经活不了了，于是自杀。

薄昭的生平，包括他的富贵与死难，在《史记·孝文本纪》记载得很少。薄昭为什么要杀刘恒的使者，刘恒为什么要逼迫舅父自杀，这些正史当中都没有说明白。只是在后人的演义故事里越说越玄，以致薄昭"倚仗权势、无恶不作"之类的话都出来了，确实过于想当然。

其实，薄昭是可以不死的。在汉代，草菅人命的事情并不少见。

篇五
"不做事"也能建盛世，史曰"文景之治"

前者如吕雉、萧何以莫须有的罪名杀死了大功臣韩信，吕雉因吃醋把情敌戚夫人做成了"人彘"，并毒死了戚夫人所生的皇子刘如意。

后者如汉武帝时代，飞将军李广为了一句过头话，找茬杀死了曾经冒犯他的霸陵卫。李广出兵匈奴无功而返，畏罪自杀之后，他的儿子李敢怀恨报复，击伤了大将军卫青。为给舅舅报仇，卫青的外甥骠骑将军霍去病又在围猎时公然射杀了李敢。这些死伤事件都没有人去认真追究。

而即便是刘恒在位时，也发生了皇太子刘启因为口角，用棋盘砸死吴王太子刘贤的恶性事件。当然这事也不了了之了。

既然这样，皇帝的亲娘舅薄昭杀死一位"汉使者"就真的无法摆平了吗？而且薄昭根本不想死，当时他姐姐薄太后还在世，说句话为弟弟求情还是应该管用的。估计这办法薄昭当时早就想到了，可是不好使。刘恒那小子铁了心了，一而再、再而三地搞"活体告别"，非把舅舅整死不可。

刘恒对薄昭的处理引起了后世的争论。司马光在编写《资治通鉴》的时候，就引用了李德裕的说法。李德裕认为刘恒的这个做法不近人情，因为刘恒的母亲只有这么一个亲弟弟。但司马光认为"善执法者，亲疏如一"，刘恒按照法律进行处理并没有错，错就错在没有及时发现薄昭的弱点并派贤良帮助，还让他带兵，最后才酿出这样的悲剧。

魏文帝曹丕也认为刘恒处死薄昭不可取，曹丕说："对待国舅，只应当用恩泽赡养而不应当把权力交付给他，他犯了法以后，根据法律又不得不处罚他。"讥讽刘恒开始不防备薄昭，曹丕的话说得很对。然而要取悦母亲，一开始就要谨慎安排薄昭的位置。

现在人的看法则是：刘恒之所以非要逼死薄昭，是为了防止外戚专权干政。这种观点还是有些道理的。刘邦死后，由于刘盈比较柔弱，实际权力掌握在了吕雉手中。刘盈死后，吕雉更是得寸进尺，临朝称制，成了实际上的皇帝。她完全不遵守刘邦与大臣们"非刘氏不得为王"的盟约，大封诸吕为异姓王。这时候的天下，皇帝由吕雉废立，吕姓王的势头远在刘姓王之上，老刘家的天下几乎成了老吕家的天下。刘恒虽未参与其中，但自幼耳濡目染，他懂得其中的利害关系。将这种情况向下推演，如果薄氏效仿吕氏，很可能会亡了刘氏天下，又或者扶植另外一个刘姓傀儡皇帝，那样就都不是他刘恒的子孙了。为防患于未然，趁机除掉薄昭，不让吕氏的故事在薄氏身上重演，有可能就是刘恒当时的心理。

后来，刘恒慢慢坐稳了皇位，可他这个小心谨慎的习惯一直没有变。有一次，匈奴南下扰边，刘恒除了及时派兵抵抗外，又考虑边境距离京城不远，怕周幽王的故事重演，就又调集了三支部队驻守在长安城附近，以防万一。做到这个地步，他还不踏实，又亲自跑到这三支部队进行慰问，实际上，他是想看看这些人有没有保卫自己的实力。就在这个时候，他发现了周亚夫，死前又把周亚夫推荐给了儿子刘启，才让后来的七国之乱没有得逞。

秦朝怎么干，朕就跟他反着来

刘恒执政期间，主要的为政举措就是"反秦之敝"，说白了，就是秦朝有什么，刘恒就反着来。

比如，秦朝苛捐杂税多如牛毛，刘恒就减税。公元前178年和公元前168年，刘恒曾两次减掉田租一半，到了公元前167年，刘恒可能是遇到了什么开心事，或者是喝了不少酒，一高兴，还免了全年的田租。

篇五
"不做事"也能建盛世，史曰"文景之治"

再比如，秦朝徭役很重，刘恒就减轻徭役，允许成年男子每三年服徭役一次，这在中国历史上都是极为少见的。

刘恒的减税减役政策，极大地鼓舞了农民的生产积极性，使被战乱破坏的农业生产迅速得到了恢复，老百姓齐声为刘恒叫好，夸他是个难得的好领导。

得到了表扬与鼓励，更坚定了刘恒做一个好领导的决心。

以前，山林川泽都归国家所有，什么都是国家的，跟老百姓没有半毛钱关系。而刘恒则在公元前158年下令，开放国有山林川泽，准许私人采矿，允许私人开发渔盐资源。这个政策，给了农民发展副业的机会与便利，其结果是，"富商大贾周流天下"，百姓有钱了，吃得好穿得好，都能娶上媳妇，自然不再闹事了。

刘恒最重要的"反秦之敝"是废除肉刑，肉刑在秦代很流行，是一种非常残酷的刑罚，犯错的人动不动就被砍掉肢体成为残疾人。即便到了汉初，肉刑也很常见。刘恒觉得这些刑罚太残忍，决定改用笞刑代替。

这里还有一个成语典故，就是缇萦救父。

说有一天，有人举报淳于意收受贿赂，按照当时的刑法，应将他专车押送到长安接受肉刑。淳于意有5个女儿，跟着囚车痛哭流涕。淳于意很生气，骂道："生孩子不生男孩，危急时没有人能帮忙！"

这时，他最小的女儿缇萦被触动了，就跟随父亲的囚车一路来到长安，上书说："我的父亲担任官吏，齐地的人都说他清廉公平，如今犯法应当获罪受刑。我为（受刑而）死的人不能复生感到悲痛，而受过刑的人不能再长出新的肢体，即使想改过自新，也没办法了。我希望舍身做官府中的女仆来赎父亲的罪过，让他能改过自新。"

刘恒听到这番话后，觉得非常有道理，就在这一年废除了肉刑法。

另外，秦代王侯将相获罪，一般都处以无期徒刑，终身服劳役。刘恒觉得这种做法很不合理,于是下令重新制定法律,要求主管刑罚的官员根据犯罪情节轻重,制定服刑期限;罪人服刑期满,削除官爵,贬为庶人。

把国家经营得再富强,创造的财富再多,如果骄奢淫逸、挥霍无度,早晚也会把家底败光,刘恒因此大力倡导节俭作风,并从自己做起,给官员树立了一个良好的榜样。刘恒在位23年,车骑服御之物居然没有增添,平时所穿,皆为粗布衣服。他还屡次下诏,要求藩王、郡国们不许搜罗奇珍异宝拍自己马屁。很多皇帝就算平时懂得节制自己,可一到给自己修坟的时候,就立刻"壕无人性"起来,而刘恒在这件事上依然能够把持自己,要求为自己营造的陵墓简简单单即可。

正所谓"人在做,天在看",后来赤眉军攻占长安,把西汉皇陵翻了个底朝天,那些生前恨不得将所有财富都带走的帝王,死后却被洗劫一空,唯有刘恒的霸陵得以保存完好。因为赤眉军也知道,那矮矮的封土下面只有一位宽厚仁慈的长者,没有他们想要的财富。

跟我妈争宠的男人,朕能放过吗

公元前157年,刘恒驾崩于未央宫,庙号太宗,谥号孝文皇帝。刘恒死后,他的儿子刘启继位,是为汉景帝。

作为"文景之治"的开创者之一,刘启继承爸爸遗志,大力发展国家建设,他爱护百姓、鼓励农桑、轻徭薄赋、减轻刑罚,稳定了社会,使百姓生活更加富足,封建统治秩序日臻巩固;尤其是在他谦恭俭朴、

篇五
"不做事"也能建盛世，史曰"文景之治"

以身作则的模范带动下，社会风气也日趋好转。刘启也因为这些政绩被后人点了无数的赞。

然而，就是这样一位让后世称道的皇帝，却也有着暴戾残忍的一面。

刘启在刘恒几个儿子中排行居中。刘恒为代王时，与代王后生有四子，刘恒未即位之前代王后便已去世，刘恒被拥立为皇帝后，代王后所生四子都相继病死。刘恒即位数月，公卿大臣请立太子，而刘恒所剩诸子中刘启最大，于是就被立为太子，母亲窦氏被立为皇后。

刘启为太子时，吴王刘濞的太子刘贤入京，陪伴刘启喝酒下六博棋。刘贤的师傅都是楚人，从而使他养成轻佻、剽悍的个性，平时又很骄矜，与刘启博弈时，为棋路相争，态度不恭敬，刘启就拿起棋盘打刘贤，不料竟把他打死了。刘恒只派人将刘贤遗体送回吴国埋葬，并未深究太子责任。从此，刘濞就恨上了刘启。

当时，刘启不过是一个十几岁的孩子。为了一点鸡毛蒜皮的博弈之争，就把自己的堂兄弟给活活打死，可见他从小就是一个性格暴戾之人。

如果说打死吴太子，尚有些年轻气盛的因素，那么刘启即位后对邓通的修理，明显就是处心积虑了。

邓通是刘恒非常喜爱的近臣。一天，刘恒叫一个看相的术士给邓通看相，相士直言不讳地对刘恒说："邓大夫以后会因贫困而饿死。"刘恒听后大不高兴，愤愤地对邓通说："朕要想让你富，有何难哉？"说完即下了一道诏书，把蜀郡严道县的铜山赐给邓通，并允许他铸钱。邓通从此富可敌国。邓通蒙文帝宠爱，感激涕零，更想要付出所有报答皇帝。

有一次，刘恒的毒疮突然发作，红肿流脓，溃烂不堪。刘恒痛得钻心，整天伏卧床上，哀号不已。一帮御医药开了不少，刘恒吃了却不见疼痛稍减分毫，最后竟痛得晕了过去。邓通在旁急得抓耳挠腮，一见刘恒昏死过去，也不知道哪里来的勇气，竟一下子扑到刘恒身上，也不管那脓血有多污秽腥臭，就张开嘴巴，对着刘恒背部的烂疮一通狂吸。说来也奇怪，邓通才吸了几口，刘恒的疼痛便减了几分，竟悠悠地醒了过来。邓通又吸了几口，刘恒竟觉得疼痛一下子全消了。刘恒扭过头一看，见是邓通，大受感动，心想关键时刻还是邓通对自己最忠心，总算不负对他的一番提拔和宠爱。以后几天里，邓通又给他吸了几次脓疱，刘恒的疮慢慢好了起来。

一天，刘恒问邓通："你说天下谁最爱我？"

邓通回答；"那自然是太子。"

这时正好刘启进来问安，刘恒便叫儿子刘启来给他吮疮。刘启无奈，跪在榻前，对着父亲溃烂的背，勉强把嘴巴凑上去，还没碰到疮口，竟一个恶心，呕吐起来。刘恒见了大不高兴，刘启只好怏怏退出。

后来刘启听说邓通曾为文帝吮疮，记恨在心。几年后，刘恒死了，刘启即位，第一件事就是把邓通革职，追夺铜山，并没收他的所有家产。可怜富逾王侯的邓通，一下子竟与乞丐一样，身无分文，最后竟应了那个相士的话，饿死街头。

老师、周将军，你们安心地去吧

刘启在位期间，最大的政治事件莫过于"七国之乱"了。这次叛乱的导火索，就是晁错的《削藩策》。

刘启即位后，先提拔晁错做内史，然后又升晁错为御史大夫，位列三公之一。晁错经过分析，告诉刘启要特别提防诸侯势力最强大的吴王刘濞。

刘濞已经暗中准备了40来年，他私自铸钱，又煮盐贩卖，为了积蓄力量，他还招纳逃犯，谋反之心越来越显露出来。所以，晁错极力主张刘启削夺各王的封地，即削藩。

刘启听从了晁错的建议，决定先削夺吴国的会稽和豫章两郡。刘濞见朝廷开始动手，不愿束手就擒，在汉景帝前元三年（公元前154年）联合各地诸侯王打着诛杀晁错、安定国家的旗号反叛作乱。这次叛乱共有七个诸侯王参加，史称为"七国之乱"。

刘启知道了七国反叛的消息，就派太尉周亚夫带领三十六个将军去攻打吴国、楚国；派曲周侯郦寄攻打赵国；派将军栾布攻打齐国；派大将军窦婴屯兵荥阳，监视齐国、赵国的军队。

窦婴向刘启引荐曾担任过吴国丞相的袁盎。刘启召袁盎进宫相见，趁机劝说刘启杀掉晁错，以保国家安定，平息叛乱。刘启采纳了袁盎的计策，派人到晁错家传旨，骗晁错说让他上朝议事。可怜晁错为汉家天下日夜操劳，临死前竟然还完全被蒙在鼓里，最后落得个腰斩的悲惨下场，全家人也一起遭难。

其实我们只要稍微思考便可知道，晁错不过是一只替罪羊。试想，倘若刘启没有削藩之心，晁错就算舌灿金莲，说个天花乱坠又有什么用？但是一到了危难之际，晁错就成了"蛊惑君心"的罪魁祸首，成了刘启加强中央集权的无辜牺牲品。为求一时之苟安，刘启昧着良心"斩御史大夫晁错以谢七国"，这个行径不仅很小人，而且也很残忍。

这时的叛乱军正在猛攻梁国，但领兵的周亚夫并不想直接救援，他向刘启提出了自己的战略计划："楚军素来剽悍，战斗力很强，如果正面决战，难以取胜。我打算先暂时放弃梁国，从背后断其粮道，然后再伺机击溃叛军。"刘启同意了周亚夫的计划。

于是,周亚夫绕道进军。到灞上时,遇到一位名叫赵涉的士人,赵涉建议周亚夫再往右绕道进军,以免半路受到叛军的伏击。周亚夫听从了赵涉的建议,走蓝田、出武关,迅速到达了雒阳,搜索之后果然抓获了伏兵。

此时的梁国被叛军轮番急攻,梁王向周亚夫求援。周亚夫却派军队向东到达昌邑城(在今山东巨野西南),坚守不出。梁王再次派人求援,周亚夫还是不发救兵。最后梁王写信给刘启,刘启又下诏要周亚夫进兵增援,周亚夫还是不为所动。但他暗中派部队截断了叛军的粮道,还派兵劫去叛军的粮食。叛军只好先来攻打周亚夫,但几次挑战,周亚夫都不出战。时间一长,周亚夫军中都有些军心不稳了。

一天晚上,营中突然发生混乱,嘈杂声连周亚夫的大帐里都能听见,但周亚夫始终躺在床上不动。一会儿,混乱自然就平息了。几天后,叛军大举进攻军营的东南部,声势浩大,周亚夫却让部下到西北部去防御。结果在西北部遇到叛军主力的进攻,由于有了准备,所以很快击退了叛军。

叛军因为缺粮,最后只好退却,周亚夫趁机派精兵追击,取得胜利。叛军头领刘濞的人头也被越国人割下送来。这次叛乱经三个月就被平定了,战争结束后,大家这才纷纷称赞周亚夫用兵有道。但梁王因为周亚夫没有及时救援,和他结下了仇。

公元前152年,丞相陶青有病退职,刘启任命周亚夫为丞相。最初的那段时间,刘启对周亚夫非常器重,但由于周亚夫性情耿直,不会讲政治策略,逐渐被刘启疏远。

有一次,刘启要废掉栗太子刘荣,刘荣是栗姬所生,所以叫栗太子。但周亚夫坚决反对,这令刘启非常不满。还有和他有仇的梁王,每次到京城来，都在太后面前说周亚夫的坏话，这对周亚夫也很不利。

后来，匈奴将军唯许卢等五人归顺汉朝，刘启非常高兴，想封他们为侯，以鼓励其他人也归顺汉朝，这时周亚夫又站出来反对说："如果把这些背叛国家的人封侯，那以后我们如何处罚那些不守节的大臣呢？"

刘启听了很不高兴，当场表示："丞相的话迂腐不可用！"然后将那五人都封了侯。周亚夫失落地托病辞职。刘启批准了他的请求。

此后，刘启又把周亚夫召进宫中设宴招待，想试探他脾气是不是改了，故意在他的面前不给放筷子。周亚夫不高兴地向管事的要筷子，刘启笑着对他说："莫非这还不能让你满意吗？"周亚夫羞愤不已，不情愿地向刘启跪下谢罪。刘启刚说了个"起"，他马上站了起来，不等刘启再说话，头也不回就走了。刘启叹息着说："这种人怎么能辅佐少主呢？"

这件事刚过去，周亚夫又因事惹祸，这次惹事的是他的儿子。周公子见父亲年老了，就偷偷买了五百副甲盾，准备在父亲去世发丧时用，这甲盾是国家禁止个人买卖的。周公子给佣工的期限少，还不想早点给工钱，结果，心有怨气的佣工就告发他私自买国家禁用物品，要谋反。刘启派人追查此事。

负责调查的人叫来周亚夫，询问原因。周亚夫不知道儿子做了什么，对问的问题不知如何回答，负责的人以为他在赌气，便向刘启做了报告。刘启很生气，将周亚夫交给最高司法官廷尉审理。

廷尉问周亚夫："君侯为什么要谋反啊？"

周亚夫答道："儿子买的都是丧葬品，怎么说是谋反呢？"

廷尉讽刺道："你就是不在地上谋反，恐怕也要到地下谋反吧！"

周亚夫受此屈辱，无法忍受，在差官召他入朝时就要自杀，被夫人阻拦，这次又受羞辱，更是难以忍受，于是绝食抗议，五天后，吐血身亡。司马迁在《史记》中对他称赞的同时，也为他惋惜，说他因为过于耿直，对皇帝不尊重，导致悲惨结局，令人感慨！

逼死周亚夫与冤杀晁错一样，都说明刘启"寡恩忍杀"，惯于过河拆桥。这还不算，周亚夫都死了，刘启仍怒气不消，又下令绝其侯国，不准周亚夫之子嗣为侯。

对待功臣如此，对待自己的亲生儿子也没有好到哪去。

刘启的正妻薄皇后一直无所出，给了所有的庶子机会。公元前153年，刘启立刘荣为太子，同时封刘彻为胶东王。三年后，因为栗姬失宠，刘启废刘荣为临江王，另立刘彻为太子。

临江王宫比较狭小，起居不便，刘荣被贬，骄气仍在，便想要扩建宫殿，偏偏王宫旁边就是汉文帝的祭庙。他一不小心就侵占了祖庙。侵宗庙，是违反宗法制度的事情，可大可小。但刘启对他这个被废除太子位的儿子并不放心，于是他较起真来，马上下令提刘荣进京，交中尉府审理。

圣旨一下，谁敢不从，刘荣只得在惊恐不安中登上回长安的车子，车子刚刚行驶，车轴就无故断裂，这似乎预示着刘荣的噩运又一次来临了。

对于这桩可大可小的案件，刘启没有亲自过问，而是打一开始就把儿子交给了郅都。郅都是汉朝有名的酷吏，理狱虽秉公，但也严苛至极，落在他手里的人，几乎是没有活路的。可以看出，对于这个失宠失势的儿子，刘启并没有多少舐犊之情，俨然在情感上已经抛弃了他。

中尉府里，郅都拿出自己对罪犯的手段，对刘荣百般呵斥，辞色俱厉。好端端的太子说废就废了，犯下一点小过又遭严讯，刘荣最初的恐惧这时都化作了满腔委屈与悲愤，他不肯认罪，索要刀笔想写信直接向祖母和父亲申诉。郅都根本不给他这个机会，刘荣身陷囹圄，叫天天不

篇五 "不做事"也能建盛世，史曰"文景之治"

应，呼地地不灵，境遇实在可叹。

窦婴闻之此事后，知道向刘启进言已经没什么用了，但他又于心不忍，于是派人偷偷给刘荣送去刀笔。曾经的堂堂太子被困囚牢，受尽屈辱，刘启一腔孤愤，无法化解，早就不想苟且偷生。他写完给祖母的申诉信以后，就在囚室里自杀了。

从被废到自杀，才不过一年多一点的时间，刘荣就从帝国的储君位上走赴黄泉，与他的母亲悲戚相见。

刘荣自尽的消息传来，刘启没有表现出任何的自责和惋惜，只是不以为然地下令收葬了事。

倚重文臣而将文臣当作替罪羊，依靠武将而冤杀武将，耿怀旧事饿死邓通，冷酷无情逼死亲子，刘启过河拆桥、翻云覆雨、睚眦必报，刻薄寡恩的另一面已然跃然纸上。而在平息"七国之乱"时，从他颁布的"以深入多杀为功，比三百石以上皆杀……敢有议诏及不如诏者，皆要（腰）斩"的诏令来看，刘启这个人又是非常好杀的。

据悉，后世发掘刘启墓时，从阳陵南面数里长的殉葬坑规模估算，殉葬刑徒应在万人以上。汉景帝刘启死后，没有像他爷爷汉高祖、他爹汉文帝、他儿子汉武帝，以及后世子孙汉宣帝、汉元帝那样称宗立庙；在后人所讲的"汉称七制"中，他也没有像刘邦、刘恒、刘彻、刘询、刘秀、刘庄、刘炟那样得到一席之地。这样的结果，不能不说是与刘启生平行事虚伪、刻薄寡恩、残忍好杀，致使亲人心寒、臣下心伤有关。

不过，刘启也没有在历史上留下恶名，反而获得了无数赞誉，也算是一种幸运吧。

刘启虽然算不上是个好人，却是个不打折扣的好皇帝。衡量一个皇帝优秀与否的标准很简单——在他执政的时代，他的子民是不是具有幸福感；他是不是维护了国家的完整和统一，打击了分裂势力；他有没有保障社稷有序地传承下去，托付得人。毫无疑问，刘启在这三点上做得非常不错，所以，他是个好皇帝。

其实，整个"文景之治"所贯穿的主题，基本就是"无为而治"。文景两位皇帝，采用政治收权、经济放权、和平竞争的方式，一步步解除了诸侯王和权臣的势力与武装，等到刘彻继位时，他所面对的基本就是一群没牙的老虎，这帮人再也没有真正的实力与皇权讨价还价了。

篇六

无女人不峰顶，汉武帝刘彻
　　不为人知的面孔

> 在汉朝，有两种方法可以免刑，一个是花50万钱赎罪，一个是物理阉割。司马迁本来就穷，为了能让司马迁顺利接受"宫刑"，刘彻还特意让负责此案的酷吏杜周把可以免除"宫刑"的赎金提高到50万两，并派人密切注视那些准备掏钱为司马迁赎罪的人的动向，看谁敢与皇命抗衡，看谁敢与自己较劲。
> 　　……　……

皇位，差点被奶奶给了坏叔叔

目睹楚汉的恩怨情仇，穿过文景的安定繁华，让我们进入中国历史上最霸道的一段时期，去了解一下汉武帝刘彻。

刘彻的一生，总是和女人纠缠不清。

女人，对于刘彻来说就是政治筹码。利用女人，借助女人的势力把自己的事业做大，是刘彻一生都在玩耍的手段。

刘彻对于女人的刻薄寡恩，陈世美大概都要自称佩服。

不过，有个女人，堪称是刘彻生命里的魔煞，险些令他失去天下，此人就是窦太后。有部电视剧专门演过她，长得很好看的那个。

窦太后名漪，河北清河郡人，汉文帝妻，在武帝前期成为西汉的实际决策者，笃信黄老之学，也是中华帝国最后一位拥附"黄老思想"的统治者。在她的影响下，西汉政权继续实行"予民生息""无为而治"的精神，把汉王朝推上了强盛的高峰。去世后，与文帝合葬霸陵。

窦漪从小失去母亲，秦朝末年战乱期间，父亲又不幸去世，留下窦漪和一个哥哥，一个弟弟。哥哥叫窦建国，字长君；弟弟叫窦广国，字少君。三人孤苦伶仃，相依为命，艰难度日，生活十分悲惨。秦末汉初兵荒马乱，狼烟四起，百姓流离失所，民不聊生，窦氏与兄弟二人，几乎不能自存。

一年初秋,家里的粮食全部吃光了,小窦漪一看没有米下锅了,突然"哇哇"大哭起来。大哥窦建国先是把妹妹的头揽在怀里,一番安慰,然后跑出家门,把地里原本可以长到比拳头还大,等到秋后才能成熟,现在刚刚长到手指大小的红薯挖了回来。小窦漪一看,也跑到地里,把哥哥刚才拔出的红薯秧捡回家。红薯当干粮,秧子当菜,吃着吃着,三个人同时大笑起来。几天的工夫,他们就把地里的红薯吃得精光。这可是成熟以后他们全家一年的口粮呀!

这时,朝廷在民间挑选宫女进宫,正好来到这个村,窦漪便去应选。挑选的官员看小窦漪虽然面黄肌瘦,但是透露着天资聪明的贵人之相,就把她选入汉宫。

进宫之后,生活自然比以前好了很多,不仅有吃的,宫里还统一着装,发了衣服。窦漪认为,这和从前比,真是天壤之别。日子一天天过去,窦漪原本以为会在长安宫中默默无闻地度过自己的一生。她没想到,人生竟充满了意外。

当时,吕雉为了安抚刘家子弟,挑选宫女赏赐给诸侯王,各地的诸侯王每人可以得到五个宫女,窦漪的名字也在选送名册之列。因为窦漪的老家在河北清河,当时属于赵国,所以远离家乡的窦漪就特别想借这次机会被分到赵国,这样就可以离家近点。其实,离老家远近已经没有必要考虑,因为父母早亡,两个兄弟在她离家的同时,也一起逃荒到了外地。

可是,窦漪还是这么想,似乎离家近了就亲切,就安心。于是窦漪就央求主管分配的宦官,说:"请你把我分配到赵国吧!"当时,负责分配的宦官也答应了。可是在分配时,负责的宦官偏偏忘了窦漪的嘱托,将窦漪的名字写到了分配去代国的名册中。

窦漪不愿意到代国，因为当时的代国邻近匈奴，在今天的山西，这样窦漪不是离家近了，而是离家更远了。然而，这一切都，不可改变了。从那天起，窦漪痛哭流涕，以泪洗面，心里一万个不愿意，但还是在执行官吏强行逼迫下，心不甘、情不愿地踏上了去代国的道路。

窦漪等五名宫女分到代国后，只有窦漪得到代王刘恒的宠幸。没过多久窦漪生了一个女儿刘嫖；生了长子刘启，也就是后来的汉景帝；后又生了儿子刘武，就是后来的梁孝王。刘恒即位后，立刘启为太子。母凭子贵，窦姬也被立为皇后。

刘启继位后，窦后升级为窦太后。

常言道：老儿子大孙子，老太太命根子。窦太后就不一样了，她只疼自己的老儿子。

至于长子刘启——重视你，是因为你是太子，是地位的保障。

因为这种不理智的偏爱，窦皇后晋升为窦太后以后，总是逼刘启将皇位传给弟弟梁王刘武，但是这不合规矩啊！刘启不同意，老太太就闹。

刘启即位头三年没有立太子，迫于母亲的愿望，一天宴饮时，刘启对刘武说，我死后由你来即位，刘武表面辞谢，心里很高兴，窦太后当然更是喜欢。可是在座的太后堂侄窦婴却说："天下者，高祖天下，父子相传，此汉之约也，上何以擅传梁王？"坚决表示反对，把窦太后气得不认他这门亲戚，但他的话打动了刘启的心，刘启遂于公元前153年立儿子刘荣为皇太子，封另一个儿子刘彻为胶东王。

有种说法，这时候的刘彻还不叫刘彻，叫刘彘，通俗称呼就是刘小猪。

可能他爹的意思，你安心当个欢乐的小猪就行了，甭惦记当太子了。所以他的职位是胶东王。

在三个女人钩心斗角中侥幸成了太子

但是刘荣有个三商不在线，醋心大过天的妈妈。这就给了刘彻机会。

刘荣的妈妈栗姬是刘启的初恋，优点就是长得好看，刘启爱她一直未变，因此对刘荣也格外待见。

刘荣当上太子以后，馆陶长公主刘嫖找到栗姬，想和她订娃娃亲，栗姬一口回绝，不为别的，就因为刘嫖总是给弟弟刘启介绍美女。

栗姬是个心眼非常小的女人，她对馆陶长公主经常用美女讨好汉景帝的行为早就忍无可忍了，想都不想就一口回绝了这门亲事。

馆陶长公主震怒，恨意顿生，同时又担心刘荣当上皇帝以后，自家的好日子就结束了，暗暗起了废掉刘荣之心。但在废掉刘荣之前，她必须找到一个能够接替皇位，并且同意女儿陈阿娇当皇后的人。

这时候，刘彻非常合适地登场了。

一日，馆陶长公主带着陈阿娇，王美人带着儿子刘彻，与刘启坐在猗兰殿上闲话家常。大家拿孩子们开心，馆陶长公主问刘彻："小猪，你想娶媳妇不？"

"想！"刘彻奶声奶气地回答。

听了刘彻的回答，刘嫖用手指着一百多个宫女，挨个问他："你想娶哪个？"

刘彻看都不看，骄傲的小脑袋摇得跟拨浪鼓似的。可当刘嫖指向自己的女儿陈阿娇时，刘彻机灵的小眼睛立马亮了起来："好啊，要是能娶阿娇做老婆，我造个金屋给她住！"

这是刘彻第一次说土味情话，那年他才4岁，说起来，笔者觉得非常惭愧。

读者朋友们记一下，成语"金屋藏娇"，其实原本是句讨女孩欢心的话。

刘嫖一听，臭小子行，这么大点就知道疼媳妇了，心中暗想：就刘小猪了！

于是，刘嫖去找刘启赐婚，刘启也就顺水推舟，拍板敲定了刘彻与陈阿娇的婚事。

很显然，这是一桩政治联姻，刘彻小小年纪，已经有了很高的政治天赋。

刘嫖为了报复，也为了女儿将来能够当上国母，当然死心塌地扶植自己女婿，与刘彻妈妈王娡联手，把栗姬往死里整。

女人嘛，有时爱扯闲话，一开始刘启并未当真，但心里确实已经有了芥蒂。

很快，栗姬的无脑行为，就彻底把自己和儿子推进了万丈深渊。

有一天，刘启在和栗姬单独相处的时候，告诉栗姬："我百年以后，希望你能善待其他的妃子与她们的儿子。"

此时的刘启身体很不健康，他在交代后事，心中已经有了让栗姬做皇后的打算，谁知栗姬醋性大发，三商崩塌，不答应不说，还把刘启好一顿臭骂，说他恬不知耻。这不是花样作死吗？

刘启心想：为了家庭团结，为了江山安稳，只能换太子了。

刘启曾亲眼看见吕雉发狂的可怕行为，他当然不能让这一幕再次发生，更换太子的事情已经在他心里暗暗敲定。

这时，王娡又给栗姬添了一把火。

王娡唆使身边人在大臣中间煽风，鼓动大家申请给栗姬升职做皇后，有个老实人就跑去跟刘启说："皇上，是不是该给栗美女一个名分了？"

这事儿直接冲了刘启的肺管子，他认定是栗姬在搞鬼，因为心有成见，也不查了，果断废掉刘荣，一并把栗姬打入心中的冷宫。

得宠的王娡顺理成章被立为皇后，她的儿子刘彻也成了准太子。刘荣被废，刘启也不愿意再见到栗姬。栗姬内心的愤恨更加难平，她甚至连老公的面都见不到了。本就为自己被废黜的儿子整日以泪洗面的栗姬，在悲愤交加中郁郁离世。

如果，自己当初不那么任性，和长公主达成政治联姻的话；如果，自己当初不那么任性，不和皇帝顶嘴的话……可惜，历史没有如果，自己做错的事情，终究要由自己来承担由之而产生的恶果。

就算当了皇帝，也被奶奶死死压制

刘启的后宫闹得不可开交，这时窦太后又有话说了："你儿子不争气，不如传位给弟弟！"

窦太后旧事重提，刘启正不知如何应对，那帮"不懂事"的大臣又站了出来，坚决反对！

一日，窦太后召宴刘启、刘武兄弟，太后说殷朝兄终弟及，周朝父子相继，道理是一样的，刘启你若是去了，皇位应该让弟弟来继承。刘启只得一脸憋屈地表示可以，并在宴会后向大臣袁盎征求意见。袁盎表示："太后的意思还是立梁王为储，我认为大错特错。春秋时代，宋国哥哥把王位传给弟弟，最终酿成内乱，我们要引以为戒呀！"刘启深以为然，却仍不敢下决断。

袁盎也不知哪来的勇气，亲自去拜见窦太后，问窦太后，若梁孝王死了，再立谁？窦太后回答，立景帝的儿子。袁盎说那样国家就会出乱子，太后这才没话可说，刘启遂立刘彻为太子。刘武也不敢再让妈妈为自己说话，就一腔怨怒地归国了。

但刘武不到黄河心不死，他要再赌一把。刘武派人去刺杀反对立他为储的袁盎等人，谁知不但没有成功，反而暴露了阴谋，引起了刘启的忌惮与怨恨。刘武这时候害怕了，通过姐姐馆陶长公主向母后说情，最终取得窦太后、刘启的谅解，允许他入朝。谁知，他却听从一个愚蠢谋士的建议，入关后轻车简从，躲进馆陶长公主的园子里。

刘启派人出关迎接，只见车骑，而找不到刘武，事情传到宫内，窦太后急坏了，以为刘启把刘武暗中杀掉了，为此大哭大闹，说皇帝杀了我儿子。刘启受此冤屈，又不知弟弟在哪里，也着实焦急和恐惧。

不久，刘武突然负斧至圈下请罪，窦太后、刘启见到刘武非常高兴，相对痛哭，大家表面上和好如初。但事实上，刘启对弟弟自导自演的这场闹剧很不满意，感情上回不过来，不再像以前出入同辇了。待到后来刘武死，窦太后悲伤到了极点，不吃饭，说皇帝果然把我儿子杀了。刘启见母亲绝食，既难过又害怕，同姐姐馆陶长公主商量，决定把梁国分为五国，给刘武的5个儿子，另给他5个女儿汤沐邑，窦太后这才高兴，恢复了饮食。

事已至此，窦太后也没辙了，只能眼睁睁看着刘彻成为太子。

说起来，刘彻上位应该也是一种必然，他天生就是阴谋家。

比如有一次，刘启在宫里带娃，闲着没事就逗孩子："小猪，想不想当太子？"

刘彻："我就想跟爸爸一起玩耍。"

刘彻的原话是：当不当太子我说了不算，天说了算，我现在没有其他想法，就想当陛下的乖儿子，陪您一起玩耍。

这话说得相当有水平，一下子惊掉了刘启的下巴，瞬间就对刘彻刮目相看。

那时候，他才3岁。

刘彻当上皇帝以后，因为管理理念不同，与祖母太皇太后爆发了一次非常激烈的冲突。

当时，奶奶追星道家黄老，孙子热捧孔孟之风，祖孙俩在朝堂上展开了一场非常好看的政治博弈。

窦太后的一生尊贵无比，汉朝朝廷内外无人敢违背她的意愿，窦太后也得以频频干涉政务。她的政治主张和政治策略是以"黄老"治国，与儿子刘启、孙子刘彻崇奉的儒家思想发生冲突，使当时的儒术不得不屈尊"黄老"。

汉朝建立以后，以前朝为鉴，积极吸取秦灭亡的教训，推行"休养生息、黄老无为"的思想，这对促进汉初经济恢复，社会发展有重要作用。窦太后是"黄老"思想的坚决贯彻落实者，也是继承发展者，她主张在清静无为的环境中恢复和发展经济。刘启和太子时期的刘彻，以及窦氏外戚在窦太后活着的时候，都不得不读"黄老"的书籍，窦太后甚至亲自找来大量"黄老"书籍，让儿子、孙子以及外戚们通读。她有时还要检查他们的读书情况，看他们是否读懂了，是否领悟了，是否理论联系实际了等等。所以，汉朝当时是在独尊"黄老"之术的政治高压下发展经济的。但是，当汉朝经历几十年的恢复和振兴，情况已经和汉初有所不同时，独尊黄老之术显然是不合时宜了。

有这么一件事，窦太后喜好老子的书，爱不释手，经常彻夜通读。刘启时期，窦太后把博士儒生辕固生找来，问他："老子的思想博大精深，其书精辟，妙不可言，先生你认为如何？"

辕固生知道太后是想让他赞扬老子的思想，但辕固生是个耿直男，对此不屑一顾。窦太后很生气，后果很严重，直接把辕固生扔到野猪圈里了。

刘启得到消息，连忙让人拿锋利的兵器给辕固生。辕固生也技艺高超，见野猪向自己猛扑过来，他拿出利刃，一下子就刺中野猪的心脏，将野猪刺死。窦太后见辕固生没有被野猪咬死，也没有办法，不再继续加害辕固生，只是罢免了他的官职。

刘启时期，因为窦太后好"黄老"，而阻碍了许多儒生的进仕之路，也扼杀了儒家的思想。刘启和刘彻都是雄主，都不满足于现状，都很想有所作为，通过改革发展社会经济。特别是在刘彻统治初期，因为刘彻欣赏儒家，锐意进取，大胆改革，与尊崇"黄老"的祖母窦太后曾经直接发生冲突。这种冲突关系到国家的前途和命运，结果，刘彻完败。

可怜刘彻一生骄横得不行，向来自己说一不准别人说二，而早年间，却被奶奶一直死死压制。

直到老太太去世，刘彻才熬出了头，在一个叫董仲舒的老头建议下，凡是不学习孔孟知识的人都不给好工作，这就是罢黜百家，独尊儒术。

阿娇，你已不配住金屋，去住冷宫吧

刘彻与阿娇的婚姻一开始也还算和谐，即使阿娇任性刁蛮，胡搅蛮缠，刘彻也表现出了男人该有的忍让。往深了说，他是需要陈阿娇背后的娘家势力。

但慢慢地，阿娇就摊上大事了——不孕，一个不孕的皇后就等于失去了一半的尊崇。

再后来，刘彻皇位逐渐稳固，腰杆子都直了不少，好色也变得堂而皇之。

此时，窦太后已死，窦家势力尽除，如今的阿娇，娘家势力渐衰，再耍大小姐脾气已经不好使了，而王娡也难以控制自己骄横跋扈的儿子。这时的刘彻，对于那段政治联姻已经有了厌倦之意。偏偏陈阿娇又不明就里，她擅宠娇贵，嫉妒成性，刘彻开始讨厌并疏远她。

于是，另一个女主角开始闪亮登场，她叫卫子夫。

卫子夫是刘彻姐姐平阳公主家的文艺女生，刘彻去姐姐家蹭饭，一见就很钟情，然后把人带走了。

不过当时窦太后还在世，阿娇娘家势力大，卫子夫被放在后宫冷落了快一年，堂堂大汉天子，见一下自己喜欢的女人也不敢明目张胆。

强势的阿娇当然不甘心自己的爱情被抢走，但她办了一件蠢事——

巫蛊门。

"巫蛊"是将所仇恨之人的名字写在木头人上，再将这木头人埋于地下，令女巫诅咒之，以为这样做会给被诅咒者带来灾难。汉代法律对"巫蛊"进行重罚。女巫楚服还打扮成男子模样，与陈阿娇同床共枕，宛如夫妻一样亲密无间。元光五年（公元前 130 年），陈皇后的"巫蛊"活动被刘彻发现。

刘彻不怕把事情闹大，大了才好，不大怎么废掉阿娇。于是命令史上著名酷吏张汤审理此案。

张汤办案效率奇高，短时间内逮捕各色人等三百多号，包括那个搞巫术的女巫楚服也被抓住了，一边审问一边罗织，形成卷宗上报刘彻。三百多号人斩首的斩首，下狱的下狱。

陈阿娇自被封到被废，并没有几年时间，说她年老色衰恐怕还谈不上。

成也萧何，败也萧何。当年联姻，是出于政治考虑，如今废后，自然也是政治的需要。

一个标准的皇帝，凡事以政治为先，他不允许身边的人居功自傲。陈阿娇和她母亲却犯了"大忌"，时常提出一些过分的要求，再加上阿娇的不孕及后来搞"巫蛊"，被废是必然的。

所谓的"长门一步地，不肯暂回车"，不仅是爱情的衰竭，更是"权衡"的结果。

汉武帝作为一个强势男人，他不同于唐高宗李治，在他身边容不下武则天这样专横的女人。从这点讲，陈皇后的先天政治优势是个"大硬伤"。

阿娇这个时候还不死心，就花重金请当时的著名文人司马相如写文章给自己造势。

司马的文章确实写得好,一篇《长门赋》,写得人人都想哭。但刘彻铁石心肠,根本不买账。

阿娇从此毕生未出长门宫,郁郁而终。

心有猜忌,妻儿也别跟我谈情义

相比阿娇,卫子夫的境遇稍微好一点,但也未得善终。

卫子夫原本是汉武帝的姐姐平阳公主家的一个歌女。刘彻在平阳公主家的一次宴会中,先是被卫子夫清婉悠扬、甜润悦耳的歌声打动,接着又为其双目含情、妩媚可人的容貌倾心。于是,偷偷将其带回宫中。

刘彻非常喜欢这位歌女出身的卫子夫,但由于受到阿娇的排挤和皇太后的憎恶,卫子夫被冷落后宫之中近一年。后来,刘彻完成逆袭,对卫子夫百般恩宠。卫子夫生下刘彻的长子刘据后,被立为皇后。

六年后,刘据被立为太子,卫氏家族也因此得到极大恩宠。卫子夫的弟弟卫青被任命为车骑将军,迎击匈奴。卫青的外甥霍去病也被提拔重用。正是由于卫青、霍去病在征讨匈奴时的所向披靡、战无不胜,才使得汉军彻底打垮了匈奴的主力,使匈奴元气大伤。从此以后,匈奴逐渐向西北迁徙,出现了"漠南无王庭",匈奴对汉朝的军事威胁基本解除。

汉武帝也因此更加宠爱卫子夫。作为"汉武帝的贤内助",因为卫子夫的存在,卫青、霍去病才被汉武帝重用,开疆辟土,东征西讨,立下赫赫战功。

当时汉朝最流行的一句话就是——能动手别吵吵,不服就揍他!

相当霸道。

卫子夫这皇后一当就是38年。你以为刘彻如此长情?怎么可能,还不是因为她那两个很厉害的亲戚——卫青和霍去病。

你小舅子和媳妇外甥要是打架这么厉害,你怕不怕,更何况还要靠他们和外人掐架,这样的娘家你也得爱护和尊敬着。

然而,如花美眷,终抵不过似水流年。

对于女人,尤其是王的女人来说,常常要为自己的年龄买单。卫子夫老了,连重孙都有了好几个,与她同龄的刘彻,却永远喜欢二八年华的小姑娘。

此时,卫青、霍去病去世多年,向来薄情寡义的刘彻早已忘了他们为大汉立下的赫赫战功。既然不再需要,那就往一边靠。卫子夫逐渐被李妍和钩弋夫人等新生力量所取代。

在卫子夫成为皇后的第38年,太子刘据被人陷害,引发"巫蛊事变"。

事情的经过是这样的。

到了晚年,刘彻这位在中国历史上素以雄才大略著称的皇帝和其他的君王一样,在享受到至高无上的权力和后宫粉黛如云的美色之后,就想着如何才能长生不老,永远能享受到天下的荣华富贵。疾病在向他逼近,躺在未央宫中,他开始担心自己是否会因病而死,并且怀疑自己的疾病是否是有人在诅咒他而引起的。

篇六
无女人不峰顶，汉武帝刘彻不为人知的面孔

刘彻信任酷吏江充，任命他为直指绣衣使者。江充见刘彻年老多病，且多疑，遂妄称刘彻病在巫蛊。于是开始查办后宫中不受宠幸的夫人，依次查到皇后卫子夫头上。然而，整个后宫在卫皇后的治理下，无人行巫蛊之事。江充遂带领胡巫来到皇后寝宫椒房殿，毁御座掘地以查蛊，仍一无所获。

最后，江充终是将铁锹挖到了太子东宫，在按道侯韩说、御史章赣、黄门苏文的帮助下，得到了桐木人偶。

太子刘据欲往甘泉行宫辩白，却遭江充等人限制，无法向父亲辨明情况，情急之下又无上策，便听从少傅石德之计，将江充缉拿，并斩杀韩说。而协助江充办理此案的御史章赣逃出，去往甘泉行宫见刘彻。

尽管后宫经历查蛊一事人心惶惶，宫外又情势紧急，卫子夫依旧有条不紊地维持着宫禁秩序。因太子能指挥的车马有限，刘据希望得到母亲的支持，在决定起兵后连夜派舍人求见皇后时，仍需持符节进入长秋门，通过长御倚华呈报皇后。卫皇后果断行使皇后的权利，调动中厩皇后的马车装载射手，搬取武库的兵器，调发长乐宫的卫队以助太子。太子向文武百官宣称江充造反，斩杀江充巡示朝野，并在上林苑烧死了一众胡人巫师。

刘据起兵后，刘彻认为太子一定是受到了江充等人的陷害才这样做。便派遣使者入长安探查。使者却因胆怯未敢入城，对刘彻谎称太子造反要杀自己。刘彻于是大怒，派左丞相刘屈氂发兵讨逆。面对刘屈氂手中这道不知真假的皇帝玺书，刘据宣称父亲在甘泉宫病重，发兵是怀疑京城有变，奸臣想作乱。

刘彻这时从甘泉宫回长安，驾临长安城西建章宫，下诏征发三辅附近郡县之兵，及二千石以下官吏皆归刘屈氂统领。刘据因此无法调遣三

辅军队，便派遣使者假传诏令赦免长安城诸官府中的囚徒，征发看守武库的军队，并派使者如侯持符节去调动长安附近长水和宣曲两地的胡人骑兵，命令他们全副武装之后前来长安会合以充军。

然而，刘彻派遣的使者侍郎莽通赶到，告知长水校尉太子的符节是假的，并斩杀如侯亲自引长水和宣曲的胡骑入长安。刘彻又征发船兵，一并交由大鸿胪商丘成。而后，护北军使者任安虽接太子发兵符节却作壁上观。刘据屡次调兵失败，故所率兵卒与刘屈氂的官兵数量差距越来越大。

刘据领兵离开北军，驱使长安四市的百姓共有几万人，来到长乐宫西阙下面时，碰上了刘屈氂的军队，混战五日后，血流如渠，死者数万。长安城中扰乱，传言太子造反，因此民众不再归附刘据，归附刘屈氂军队的逐渐增多。刘据不敌，战败出奔。

刘彻诏遣宗正刘长乐、执金吾刘敢奉策收回用以帮助刘据起兵、象征皇后实权的皇后玺绶，却并未使有司下废后诏书，亦未令卫皇后搬离椒房殿。卫皇后不愿受辱，或为子担责，或以死明志，自杀。

至此，母仪天下38载，陪伴汉武帝49年的卫皇后溘然长逝。偌大的未央宫在经历过一场血色浩劫之后依旧壮丽而重威，只是长秋门后的中宫椒房殿，再一次失去了主人。

篇六
无女人不峰顶，汉武帝刘彻不为人知的面孔

无需任何理由，钩弋，你去死吧

你或许想不到，对于刘彻来说，这还不是最无情的！

刘彻逼死儿子刘据以后，立刘弗陵为太子，考虑到太子的母亲钩弋夫人正值妙龄，怕她耐不住寂寞，同时为了避免吕雉专权的事情再次发生，临死前故意找茬，就把花样年华的钩弋夫人给弄死了。

钩弋夫人在刘彻东巡时被选入宫。因貌美聪敏，善于歌舞受宠，为其修"钩弋宫"，号"钩弋夫人。"钩弋夫人擅长攥拳藏钩的游戏，又称"拳夫人"。后晋封为赵婕妤。据说，是一段奇缘促成了刘彻与她的相遇。

刘彻巡狩，路过河间国武垣城（位于今肃宁县窝北乡垣城南村，现仍存有旧城墙遗址）。观天象、占卜吉凶的"望气者"对刘彻说此地肯定有奇女，刘彻立即下诏寻找。

果然如望气者所言，一会儿的工夫，随行官员就找到一位年轻漂亮的女子，据说此女天生双手握成拳状，虽年已十多余，但依然不能伸开。刘彻唤此女过来，见其双手果真是紧握拳状，刘彻伸出双手将这女子的手轻轻一掰，少女的手便被分开，她的手掌心里还紧紧地握着一只小玉钩。随后，刘彻命人将此女扶入随行的辂车，将其带回皇宫，号为"拳夫人"，此女便是赵氏。

赵氏的父亲当时已经去世，他曾犯法被处以宫刑，做了宦官，任中黄门，死于长安，葬于雍门。

有人认为赵氏是小儿麻痹才会双手握拳，但这无法解释武帝能展开她的手并且手里有玉钩，也有人认为握拳藏钩就是当地官员和随行人员取悦皇帝的一出好戏，赵父的宦官生涯使得赵氏的美貌被一些官员得知，于是趁着这个机会将赵氏送给皇帝。

拳夫人后晋升为婕妤，即赵婕妤，居住于甘泉宫中。太始三年（公元前94年），生子，取名弗陵，号钩弋子，即为汉昭帝。据说刘弗陵和上古尧帝一样是怀胎十四月而生，于是称其所生之门为尧母门。

征和二年（公元前91年），发生了著名的"巫蛊之祸"。皇后卫子夫、太子刘据因受苏文、江充、韩说等人诬陷不能自明而起兵，兵败后自杀。之后刘彻一直没有立太子。

刘彻一生有6个儿子，次子齐怀王刘闳早逝，"巫蛊之祸"后，可以继承皇位的共有4人。

燕王刘旦在刘据死后上书自请入京，希望立为太子，刘彻大怒，削其三县。

广陵王刘胥为人骄奢，好倡乐逸游。

昌邑王刘髆是李夫人之子，李广利的外甥。李广利和丞相刘屈氂是儿女亲家，二人一起策划谋立刘髆为太子，事发后李广利投降匈奴，刘屈氂被腰斩。在刘彻去世的前一年，刘髆先他父亲一步去世了。

刘弗陵作为最为年幼的儿子，"壮大多知"，像极了刘彻少年之时，值得期待。刘彻有心立他，但考虑到钩弋夫人正值妙龄，害怕她骄横淫乱，恣意妄为，鉴于吕后专权的教训，为了避免女主擅政，危害社稷，临死前借着一点小事，除掉了钩弋夫人。

关于钩弋夫人的死因，《汉书》和褚少孙在《史记》补记里记载的稍有不同。班固在《汉书》里记载汉武帝在甘泉宫休养期间，钩弋夫人随侍在侧，犯了过错，刘彻斥责钩弋，后来钩弋夫人忧死于云阳宫，就地下葬。

褚少孙在《史记》里补记道：刘彻在甘泉宫让人画了一张周公背成王朝见大臣的图，并赐给奉车都尉霍光，于是左右大臣知晓刘彻欲立少子为太子。数日后，刘彻斥责钩弋，钩弋褪下簪珥连连叩头。刘彻命人将其拉走送到掖庭狱（掖庭即后宫），被拖走的钩弋回头求饶，刘彻不耐烦地说："快走！你活不了了！"之后钩弋死于云阳宫。使者夜间抬棺将其下葬，并把她的住处封掉。

据说，近臣都为钩弋夫人之死而伤感，刘彻也深感内疚，于是在甘泉宫前建"通灵台"以表怀念。

司马迁，朕就是要你受"宫刑"

在刘彻的众多女人中，唯一能够让他念念不忘的，恐怕只有李夫人了。成语倾国倾城，说的就是这位。

只可惜，李夫人身体不好，死得早。刘彻把满腔爱意转移到了她哥哥身上，司马迁更是因此受了"宫刑"。

前文已经提及，汉朝自刘邦开朝就立下了一个规矩，没有战功不得封侯。刘彻为了提拔自己的大舅子李广利,就一直给他找机会。

有一次,刘彻给了李广利5万人马,让他去收拾大宛那个小国家,他打了4年,花费亿万,以死伤3万人马缴获30匹战马的骄人战绩,成功封侯。

后来,匈奴死灰复燃,绑架了爱国人士苏武。刘彻派李广利领大军前去解救。

飞将军李广的孙子李陵,因为不愿做这位"裙带将军"的后勤兵,孤身陷入匈奴包围圈,刘彻不发一兵一卒救援。李陵以5000步兵,与8万匈奴骑兵血战八天八夜,最后弹尽粮绝,兵败被俘。然后——来人啊,去注销他家户口本!

李陵原本只是诈降,刘彻二话不说就杀了李陵全家。小样的,让你不帮我大舅子。

人性的丑恶在这个时候就显现出来了。那些平时与李陵关系不错的同事,知道刘彻就是想整治李陵,没有一个人肯替他说话。

司马迁脖子一梗,站了出来:"你是不是个男人?咋回事你自己心里没点数吗?"

刘彻:"我觉得,你要考虑自己是不是男人了!"

司马迁对刘彻说:"李陵只率领5000步兵,深入匈奴,孤军奋战,杀伤了许多敌人,立下了赫赫功劳。在救兵不至、弹尽粮绝、走投无路的情况下,仍然奋勇杀敌。就是古代名将也不过如此。李陵自己虽陷于失败之中,但他杀伤匈奴之多,也足以显赫于天下了。他之所以不死,而是投降了匈奴,一定是想寻找适当的机会再报答汉室。"

司马迁的意思似乎是贰师将军李广利没有尽到他的责任。他的直言触怒了刘彻,刘彻认为他是在为李陵辩护,讽刺劳师远征、战败而归的李广利，顺带着把自己也捎揄了，于是下令将司马迁打入大牢。

在汉朝，有两种方法可以免刑，一个是花50万钱赎罪，一个是物理阉割。司马迁本来就穷，为了能让司马迁"顺利"接受"宫刑"，刘彻还特意让负责此案的酷吏杜周把可以免除"宫刑"的赎金提高到50万两，并派人密切注视那些准备掏钱为司马迁赎罪的人的动向，看谁敢与皇命抗衡，看谁敢与自己较劲。

这种情况下，有钱的人不肯相救，肯救的人却没有钱，况且皇帝也不愿意、不希望、不同意有人来救司马迁。被皇帝穿小鞋，司马迁也只有听天由命、任人阉割了。

刘彻在司马迁受刑之后，嘴角一翘，微微冷笑：你司马迁不是自视正直无私吗？不是自视血性男儿吗？那我就把你的锐气扫平，让你失去作为一个男人的尊严，让你在屈辱中苟活，看你以后还有没有这份刚强和倔强！

司马迁出狱以后，化疼痛为力量，化屈辱为精神食粮，开始发奋写作，一写就是14年，《史记》一书终于成功出版。

司马迁的进步历史观和敢于揭露当权者过失的大胆作风，为他赢得了一大批粉丝，比如近代文豪鲁迅先生，就非常高调地称赞他的《史记》为"史家之绝唱，无韵之离骚"。

刘彻晚年，回想自己这一辈子，也觉得自己做了很多错事，良心发现地写下了《伦台罪己书》。两年后，死于五柞宫，享年70岁。

客观地说，作为皇帝，刘彻是非常出色的，但他出色的代价同样也很大。汉武帝在内外政策上与秦始皇有着惊人的相似之处。

他内兴功利，征四夷，在完成文治武功伟业的同时，也耗尽了文景以来的府库积蓄，加重了农民的负担，贫困破产的农民，多数成为地主豪强的佃客和佣工，受到残酷的剥削。因此，在刘彻晚年，阶级矛盾和统治阶级内部矛盾都达到了空前尖锐的地步。

刘彻晚年，国家已到了百姓的税赋难以支撑战争的地步，但刘彻为讨伐匈奴，仍然穷兵黩武。《盐铁论》中，以夏侯胜为代表的知识分子认为，武帝嗜好战争，致使"海内虚耗，户口减半"。文景之治积累的国库让战争耗空，盗贼蜂起，百姓苦不堪言。

客观地说，对于民族，刘彻功劳很大；对于祖宗，他很败家；对于百姓，他并没有多少恩泽。司马迁因为和刘彻有仇，加上政治见解不同，《史记》对刘彻多有指责批判，带有一定的个人感情偏见。但总体上说是肯定刘彻的，把他定位为有血性、有作为的君主，应该说还是较为公正的。

其实，刘彻的人生充满了矛盾。他是一个痴情又多变的人，用情如用剑，用剑如用情，不得不说，嫁给刘彻这样的男人，就等于坐在宝马车里哭。

篇七

昭宣这么努力，就是为了让熊孩子们有败家的余地

> 像这种没有儿子做靠山的角色，一旦老公归了天，一定死得很难看。姐妹俩深深知道这一点，就疯狂地摧残宫人。史书记载"生下者辄杀，堕胎无数"。当时老百姓最爱哼的小曲就是"燕飞来，啄皇孙"。
> ……　……

没有霍光，也许就没有"昭宣中兴"

坊间名言曰：该！富不过三代，耶！

刘彻，好像专门就是为了印证这句名言而来的。

刘邦开国的时候，诸侯混战不断，皇室又穷又怂，白登之围，皇帝受了欺负都得忍气吞声，不断给匈奴送漂亮姑娘息事宁人。

刘盈、刘恭、刘弘短命又无能，到了刘恒、刘启这里开始发奋理财，玩命似地攒钱，好不容易成了富翁，败家子刘彻就来了。

汉武帝穷兵黩武，周边国家打了个遍，名声是打出去了，家产也基本败光了。但刘彻这个人命好，前有爷爷爸爸替他攒钱，后有儿子曾孙替他还债。

这个还债二人组就是汉昭帝刘弗陵和汉宣帝刘洵。

强调一下，汉昭帝和汉宣帝中间，还夹着个昏庸皇帝刘贺，在位27天，据说就犯了1100条罪，被不容申辩地废了，是史上执政时间最短的皇帝，江西南昌海昏侯墓葬的就是他。

而这三位皇帝的兴衰废立，都与一个人存在莫大的关系，这个人就是霍光。

霍光是霍去病的异母弟，汉昭帝皇后上官氏外祖父，汉宣帝皇后霍成君之父。

刘彻临死前，遗诏让霍光、金日磾和上官桀共同辅佐幼主，不久，金日磾病死，由霍光和上官桀共同辅政。霍光和上官桀是儿女亲家，霍

篇七
昭宣这么努力，就是为了让熊孩子们有败家的余地

光的大女儿是上官桀儿子上官安的妻子，彼此原本亲密无间，霍光有事或出宫休假期间，上官桀就入宫代替他处理政事。

但过了不久，两人的关系就逐渐紧张起来。上官安有个女儿，年方5岁，与刘弗陵年龄相当。上官安贪图禄位，请求霍光把他的女儿送进宫去，许配昭帝作为皇后。霍光认为，外孙女年龄太小，这不是人办的事儿，所以没有同意。上官桀父子又通过刘弗陵的姐姐鄂邑长公主，把上官安的女儿收入后宫，几个月后，就被立为皇后。不久，皇后的父亲上官安就被封为骠骑将军、桑乐侯。

上官桀父子位高权增之后，对长公主十分感激。长公主私生活不严肃，与丁外人私通。上官桀、上官安想为丁外人求封爵，希望依照国家关于列侯娶公主的成例把丁外人封为列侯，霍光坚决不同意，他们又为丁外人求取光禄大夫的官职，霍光还是不同意。霍光的态度令长公主大为光火，从此恨透了他，而上官桀屡次为丁外人求官爵而不得，也很惭愧，心里想，从先帝（指汉武帝）时开始，自己已经是九卿了，官位在霍光之上，现在自己与霍光都是辅弼重臣，皇后是自己的亲生孙女，霍光只不过是外祖父，他反而一人专制朝廷政事！从此，他们也很怨恨霍光，企图与之争夺权力。

此时，自以为年长又未被立为帝的燕王刘旦，亦怀怨恨之心。御史大夫桑弘羊始创酒、盐、铁专卖官营制度，为国家兴利，居功自傲，想为他的子弟求官不得，也怨恨霍光。于是，上官桀父子便同长公主、桑弘羊串通一气，并勾结燕王刘旦，策划发动政变，先除掉霍光，然后废黜刘弗陵，立燕王旦为帝。燕王答应事成后封上官桀父子为王。上官安则图谋事成后杀燕王而立其父。他们各怀鬼胎，却还是为共同的预谋走到了一起。

元凤元年（公元前80年）8月，上官桀等让一个人冒充是燕王使者，向朝廷上书，以燕王的名义攻击霍光"专权自恣"，并列举了他的三大罪状：

其一，霍光到长安东郊去主持郎官和羽林军的大规模军事演习时，

像皇帝出行时那样威严，吃饭时让御膳房为他提前准备饮食。

其二，霍光赏罚不公，苏武出使匈奴，被拘留达20年而不投降，回国以后只是被任用为典属国，而大将军长史杨敞没有任何功劳，却当上了搜粟都尉。

其三，霍光擅自调动、增加大将军幕府的校尉，而不报告朝廷。并称，燕王怀疑霍光别有企图，表示愿意交出燕王封爵，入宫值宿保护皇帝，防止奸臣作乱。

这份奏章是乘霍光休假之机呈送皇帝的。上官桀打算，等刘弗陵把这件事交给主管官吏查办后，桑弘羊负责和各大臣共同胁迫霍光辞职。但是燕王书信上奏以后，刘弗陵并没有向下转发查处。

第二天早上，霍光知道了上书这件事，留在殿前西阁的画室里不肯进殿。刘弗陵询问："大将军去哪儿了？"上官桀说："因为燕王告发他的罪行，所以不敢进来。"刘弗陵下诏叫霍光进殿。霍光进殿后，取下头上的冠帽，叩头谢罪。

刘弗陵表示："将军请戴上冠帽吧！朕知道信是假的。将军没有罪。"

霍光很惊讶，问道："陛下怎么知道的呢？"

刘弗陵微微一笑，回答说："将军去检阅郎官是近日的事，调校尉距今还不到10天，燕王远在数千里以外，怎么来得及知道呢？况且将军您一定要反，也不会在乎多一个或少一个校尉吧！"这时刘弗陵才14岁，却能如此识别贤愚，明辨是非，着实使在场的尚书及其身边的人都感到惊奇不已。

这时，那上书的人已经逃之夭夭，刘弗陵命人追捕，上官桀等人害怕阴谋泄露，于是对刘弗陵说："小事不值得穷追不舍。"刘弗陵坚决不同意。不得已，上官桀派人把上书的人灭了口，然后制造假证，说他是畏罪自杀，这件事才算告一段落。

后来，上官桀及其党羽又在刘弗陵面前攻击、诬陷霍光。昭帝发怒

篇七
昭宣这么努力，就是为了让熊孩子们有败家的余地

说："大将军是忠臣，先帝委托他来辅佐朕，敢有诽谤他的，要治罪！"从此以后，上官桀再也不敢再说什么了。

上官桀等人见上告的计谋不行，于是密谋叫长公主设酒席请霍光，暗伏兵士，杀掉霍光，乘势废掉刘弗陵，迎立燕王为天子。长公主家舍人的父亲稻田使者燕仓得知这个密谋，立即告诉他的上司大司农杨敞，杨敞畏事不敢揭发，于是告诉了杜延年，杜延年立即将此密谋报告给霍光。霍光震惊不已，当即采取行动。这年9月，上官桀父子、桑弘羊、丁外人等都以谋反罪被处死，并诛灭了他们的宗族。长公主、燕王旦都畏罪自杀。在这场激烈而残酷的权力争夺战中，霍光取得了绝对的胜利，从而也奠定了他更为坚实的政治基础，为日后推行他的政策和主张提供了有效的保障。

西汉元平元年（公元前74年），刘弗陵病逝，没有儿子，刘彻的六个儿子中独有广陵王刘胥在世，群臣讨论该立谁为皇帝时，都有意立广陵王。广陵王本来就是因为行为放纵、不合正道，才不被刘彻选用的，所以霍光听了大家的议论后犹豫不决。这时有个郎官上书说："周太王废黜太伯而立王季，周文王舍弃伯邑考而立武王，都是只看合适才立。即使是废黜长子而立少子也是可以的。广陵王不能继承帝位。"此话正合霍光的心意，霍光把郎官的上书拿给丞相杨敞等人看，于是把这个郎官提拔为九江太守。当天，霍光奉皇太后诏令，派遣行大鸿胪事的少府乐成、宗正德、光禄大夫吉、中郎将利汉去迎接昌邑王刘贺。

刘贺是刘彻的孙子，是哀王的儿子。到长安后，即位为皇帝，但是他行为放纵，淫乱不堪，举动无节，政事失当。霍光见昌邑王荒淫无道，非常担忧，于是单独询问大司农田延年，这事该怎么办。

田延年说："将军是国家的柱石，既然知道这个人确实不行，为什么不向太后说明，另选贤明的加以拥立呢？"

霍光很是疑惑地说:"现在想这么办,在古代有先例吗?"

田延年说:"伊尹做殷朝的相,废黜太甲来安定宗庙社稷,后世称颂他的忠诚。将军您如果能够办好这件事,也就是汉朝的伊尹啊!"霍光深以为然,又给田延年加官"给事中"。让他可以进宫议事,紧接着就与车骑将军张安世合谋,召集公卿大夫在未央宫共同议事。

会上,霍光说道:"昌邑王行为昏庸淫乱,恐怕会给国家带来危险,诸位怎么看?"

群臣全都大惊失色,谁也不敢发言,只是随声应付,不置可否而已。这时田延年离开座席走上前,按着剑慷慨陈辞道:"先帝把年幼的太子托付给将军,又把天下托付给将军,是因为将军忠诚、贤明,能保刘氏子孙的平安。现如今臣民扰乱不安,国家行将崩溃。而且汉朝历代相传,谥号里都有孝字,意思就是要长保天下太平,让祖先能享受子孙的祭祀啊!如果让汉家断绝了祭祀,等将军死了,他又拿什么脸面到地下去见先帝呢!"

接着,他又带着威胁的口吻说:"今天的讨论,不能有一会儿的耽搁。群臣中有谁赞成得晚一些,就请让我杀了他!"霍光谢罪说:"九卿对我的责备是正确的。天下人心浮动,议论纷纷,我应当受到责备。"于是参加会议的都叩头说:"百姓的命运都在将军一个人了,我们都只听将军的安排。"

会议当即停止,霍光立即率群臣一起去谒见太后,并向太后详细禀告了会议的情况,并认为昌邑王荒淫迷惑,失掉了帝王礼仪,扰乱了汉家制度,不能继承帝位。皇太后对昌邑王的行为也很不满,现在霍光等人有意废黜昌邑王,她没有任何异议,当下表示同意和支持。

不久,昌邑王就被遣送回昌邑,成为一个普通的人。仅仅只有27天,他就从位极天尊的皇帝宝座上跌落,成为一个湮没无闻的平民百姓。

篇七
昭宣这么努力，就是为了让熊孩子们有败家的余地

昌邑王被废后，霍光与车骑将军张安世商议迎立新君，并在掖庭中会集丞相以下官员讨论确立人选。当时刘彻的子孙中，齐王早死，没有儿子；广陵王刘胥已经在以前决定不用了；燕王刘旦由于谋反而自杀，他的子孙不在考虑范围之内，近亲唯有戾太子的孙子在民间，叫刘询（本名刘病已），民间都称赞他好。这时，光禄大夫丙吉上书说，皇曾孙已有十八九岁了，而且通经术，为人节俭，慈仁爱人，请求霍光拥立他。杜延年也认为皇曾孙德行美好，力劝霍光、张安世拥立。霍光采纳了他们的意见。在这年9月，霍光会同公卿大臣上奏太后立皇曾孙为帝，皇太后下诏同意了。

霍光于是派宗王刘德到皇曾孙的家乡去，让皇曾孙梳洗干净，然后给他皇宫里的衣服。太仆驾车来迎接皇曾孙，到宗正府举行斋戒，进未央宫谒见皇太后，被封为阳武侯。过了不久，霍光捧上皇帝的玺绶，皇曾孙在拜谒高祖庙后正式继位，是为汉宣帝。

刘弗陵和刘询在位期间，除了继承先祖遗志，继续与匈奴掐架以外，基本都是在带领老百姓踏踏实实过日子，国库迅速充盈。史称"昭宣中兴"。

不过就像回光返照一样，这短暂的兴盛，也正是西汉王朝衰落的开始。

西汉自昭宣之后，余下的几个皇帝基本都是过来打酱油的。而且越来越奇葩。

老师，害死你的人，我重用了

刘询临终前，给自己的儿子汉元帝刘奭安排好了三人一体的辅政班子：第一位是外戚侍中、乐陵侯史高，另两位分别是太子太傅萧望之和

太子少傅周堪，三人同领尚书事。应该说，这是刘洵出于深思熟虑后的安排，这三人中，史高是外戚，另两位是儒臣，这样可以相互牵制，既不至于外戚专权，也不至于让皇权落入他人之手。

但刘洵做梦也想不到的是，他自认为巧妙的安排，竟在刘奭即位不到一年之时，就出现了问题。

史高以外戚之亲"领尚书事"，独揽大权，萧望之和周堪俨然成了他的副手，刘奭对此有些不满，因为外戚专权历来是对皇权极大的威胁，显然刘奭也意识到了这一点，于是，刘奭开始倚重另两位名儒师傅即萧望之和周堪，萧望之等人的影响力越来越大，这让史高感到了心理的极度不平衡，于是与萧望之等人的嫌隙日深。谁知鹬蚌相争，渔翁得利，外戚和儒臣的钩心斗角，却为宦官石显弄权提供了条件。

石显善于溜须拍马，阿谀奉承，常常博得刘奭的欢心，刘奭对他逐渐倚重。在刘奭看来，外戚、儒臣都容易形成势力，威胁自己的权威，但"中人无外党，精专可信任"：即一个宦官，既没有骨肉之亲，又没有婚姻之累，不就可以集中精力、全心全意为我这个皇帝服务吗？这样的人难道还不值得我信任吗？因此事无大小，都交给石显等去处置。殊不知，石显之流野心勃勃，他们不仅和外戚史丹、许嘉勾结在一起，还拉拢了一批见风使舵的儒臣，结成朋党，甚至与长安豪侠万章交往甚密，这就已经形成了错综复杂的集团，并不是刘奭想的那样——宦官是孤掌难鸣的。

本来，身体多病的刘奭是想通过宦官石显来控制大权，结果却使大权旁落，石显之流利用手中的权力，打击正直大臣，迫使萧望之自杀，周堪、刘更生被贬为庶民。

面对宦官弄权，刘奭不但没有制止，反而睁只眼闭只眼，在立场上已经混淆了是非。刘奭60多岁的师傅、被称为"当世名儒"的萧望之，因石显进谗言而被逼自杀,其时刘奭正在用午膳,听到这个消息后痛哭流涕,连饭也吃不下去了,立即召来石显严厉责问,石显吓得摘掉帽子,磕头不止,刘奭却并没有惩罚他。从那以后直到自己病死的十几年间,刘奭每年都要到萧望之的坟上去祭奠,然而,害死师傅的石显呢?刘奭还继续留在身边。

《淮南子·主术训》:"智欲圆而行欲方",说的是处事时既要学会中庸、圆滑,同时又能坚持原则,保持独立个性。

"方"为做人之本,"圆"为处事之道,这两者不能偏袒任何一者,如果偏袒前者,做事就显得直切不通情理,而人与人之间如果没有情理则难以相处;如果偏袒后者,则会犯原则性的错误,没有了原则,做事便难以服人。

治国也要讲究方圆之道,刘奭就是一个没有原则的人,在处理与大臣的关系时,立场不明确——亲小人远贤臣,导致了权力旁落。实际上,历代帝王都喜欢在方圆之间玩平衡术,借以加强自己的权威,但刘奭玩得并不高明,因为他的平衡术完全偏向了对自己不利的一面,这要归咎于他模糊了忠奸善恶的界限,养虎为患导致更多的忠义之士被害,汉朝已然在走下坡路了。

靠一个女人,维持的数十年边境安宁

汉元帝刘奭还有一个特点,这是他最大的特点,就是——瞎!
竟然把全国最漂亮的女生王昭君同学白白送给匈奴,你们说他奇葩不奇葩，是不是有点瞎？

建昭元年（公元前38年），刘奭下诏征集天下美女，好让自己的后宫充盈起来。当时，出身平民的王昭君年方十八，美貌如花，毫不意外地被选入宫。因为从全国各地挑选入宫的美女数以千计，皇帝无法一一召见，于是决定，首先由画工毛延寿各画肖像一幅呈奉御览。

当时，要想得到皇帝的宠幸，巴结画工毛延寿非常重要，有时甚至是决定因素。出身富贵人家，或京城有亲友支持的，无不运用各种渠道贿赂画工。王昭君初入宫廷，不懂这些规矩，再加上自认为美貌，不愁皇上不召见，所以很是清高。据说，毛延寿在画王昭君时，曾向她暗示索要贿金，但王昭君没有搭理他，反而讥讽了他，毛延寿见王昭君如此傲慢，便把那点该点到眼睛上的丹青，点到脸上。等到刘奭看到王昭君的画像时，以为她是个不实在的女人，十分讨厌她。王昭君失去了一次绝好的机会，5年过去了，她仍是个待诏的宫女。

在5年的时间里，王昭君除了担负一些宫中的轻便工作之外，有太多的余暇来读书写字，唱歌跳舞，研习音律与绘画，不断充实自己、磨炼自己。然而午夜梦回，她不免倍感凄清与孤寂。别无选择之下，王昭君只好无声无息地打发漫漫的长夜和白昼。

然而，到了竟宁元年（公元前33年），南匈奴单于呼韩邪前来朝见，王昭君的命运无意间起了翻天覆地的变化。

呼韩邪携带大批皮毛及骏马作为贡品来到长安，对汉元帝十分有礼。刘奭大为高兴，大摆筵席，招待这位远道而来的"贵宾"。席中呼韩邪提出"愿为天朝之婿"，刘奭一听颇为高兴，想以此拴住呼韩邪这匹野马。这个历史当口，王昭君自愿请求担当这份使命。历史选择了她，在得到双方的同意下，王昭君成为第一位出身平民的"和亲"大使。

临行之日，王昭君戎装打扮，妩媚中更见英爽之气。她面向未央宫

篇七
昭宣这么努力，就是为了让熊孩子们有败家的余地

拜别了天子，带着一种异样的感情，看了长安最后一眼，怀抱着琵琶上马而去。匈奴人马和朝廷派出的护卫组成的队伍，浩浩荡荡地经过长安大街，沿途万人空巷，争睹昭君风采，场面十分热闹。眼看如此风情万种的美人儿，离开繁华的长安城，前往荒凉的胡地，陪伴一个垂垂老矣的匈奴单于，人们无不为之嗟叹不已。王昭君出了长安北门，渐行渐远，黯然神伤。随行的乐师们，一路上弹奏着琵琶，以慰藉王昭君的离愁别恨，声声令人肝肠寸断，回望长安已经了无踪影。

出了雁门关，匈奴大队骑士、毡车、胡姬前来迎接，万里荒漠出现一道亮丽风景。到达匈奴王廷，只见牛羊遍地，青草无边。到了傍晚，一座座帐篷中，张灯结彩，呼韩邪单于封她为宁胡阏氏（皇后）。

这是一桩政治婚姻，昭君不过是刘奭羁縻匈奴的一个筹码而已。汉朝一共有9位女子和亲，多不是天子之女，不是迫不得已，谁愿远嫁异域？昭君虽然是自愿请行，但那是因为"数岁不得见御"，愤而反抗的一种方式。昭君从繁华热闹的中原乍到气候严寒的漠北，习俗迥异，语言不通，再加上呼韩邪年龄比她大一倍还多，两人不可能萍水相逢便一见钟情。但呼韩邪单于自得汉廷绝色美人之后，心中大为高兴，对她百般迁就，万般疼爱，处处博取她的欢心，也让她备感安慰。

王昭君出塞以后，刘奭依照她临别时的要求，把她的父母兄弟一起接到长安，赐宅赐田，妥善安置。呼韩邪派使者送给汉廷大批玉器、珠宝及骏马，以报答汉天子的特别恩典，甚至上书愿保境安民，请罢边弓卒，以休天子之民。

就在王昭君抵达匈奴王廷三个月后，刘奭崩逝。第二年，王昭君为呼韩邪单于生下一子，取名伊屠智伢师，封为右日逐王，又过了一年，年迈的呼韩邪去世，这年王昭君24岁。

大阏氏的长子雕陶莫皋继承了单于的王位，依照匈奴的礼俗，王昭

君成了雕陶莫皋的妻子。年轻的单于对王昭君更加怜爱，夫妻生活十分恩爱甜蜜、和谐，接连生下两个女儿，长女叫云，次女叫当，后来分别嫁给匈奴贵族。雕陶莫皋与王昭君生活了几年后去世，这时王昭君已经35岁，正值盛年，不必再有婚姻的绊系，能够参与匈奴的政治活动，对于匈奴与汉廷的友好关系，着实起到了不少沟通与调和的作用。正因为这层关系，王昭君的兄弟被朝廷封为侯爵，多次奉命出使匈奴，与妹妹见面，王昭君的两个女儿也曾到长安，还入宫侍候过太皇太后。

据敦煌发现的唐代《王昭君变文》记载，昭君去世后，埋葬仪式按匈奴习俗进行，非常隆重。汉哀帝也差使臣前往单于处吊唁。隆重的葬仪，反映了匈奴对昭君的怀念和对汉匈和亲的肯定。

"昭君出塞"已成千古佳话。那时匈奴对大汉虎视眈眈，大汉用"和"的政策来稳定边境，昭君不过是一个宫女，但她完成了大汉的使命。在离别汉疆的时候，昭君流下了热泪，因为她怀念着生养自己的这片土地。昭君出塞之后再也没有回来，最后死在了匈奴。但昭君为大汉所做的贡献并没有因为她的离去而结束，她把大汉的一些生产生活资料带到了匈奴，为匈奴的生产力提高发挥了重要的作用，同时促进了华夏文明的融合。

王昭君被后世之人尊为和平的使者，她的子女也为汉、匈和平奔走努力。人们尊敬这位出塞的女子，在中国历史上，仅以昭君名字命名的诗就不下百首，可见她的影响之大。

篇七
昭宣这么努力，就是为了让熊孩子们有败家的余地

燕飞来，啄皇孙，啄到后继无人

汉元帝崩，皇太子刘骜继承皇位，是为汉成帝。刘骜的母亲王政君被尊为皇太后。刘骜这个名字大家可能很陌生，想半天也想不出他做过什么事情，但一提他媳妇，你们一定知道。环肥、燕瘦这两个人，很多人都知道吧。刘骜他媳妇就是燕瘦，细腰美女赵飞燕。

据说，有一天，刘骜出宫游玩，来到阳阿公主家。阳阿见皇帝驾到，盛宴款待，并让几名歌女一旁歌舞助兴。其中有位歌女，歌声娇脆、舞姿优美、身材袅娜、娇小可爱。刘骜一见钟情，随后把她带回宫中，当即封为婕妤。

这人就是汉朝最著名的美人赵飞燕，绝对骨感美人，体态轻盈，天生猫步，如风拂杨柳、燕飞翩跹，"赵飞燕"之名亦由此而来。"环肥燕瘦"的成语，就是拿她的苗条与杨贵妃的丰腴相比。不久，刘骜还废掉了许皇后（据说与赵飞燕的诬告有关）、疏远了班婕妤（据说也是赵飞燕指责她有邪媚之道），并顶住后宫压力，册立赵飞燕为皇后，从此与她一起登舟游乐，宠爱无比。

刘骜为了取悦新皇后，令工匠在皇宫太液池建造了一艘华丽的御船，叫"合宫舟"。一天，刘骜带着飞燕一同泛舟赏景。飞燕穿着南越所贡云英紫裙、碧琼轻绡，一面轻歌《归凤送远》之曲，一面翩翩起舞，刘骜令侍郎冯无方吹笙以配飞燕歌舞。舟至中流，狂风骤起，险些将身轻如燕的赵飞燕吹倒，冯无方奉刘骜之命救护，扔掉乐器，拽住皇后的两只脚不肯松手，飞燕则继续歌舞。此后，宫中便流传"飞燕能作掌上

舞"的佳话。

不久，赵合德又入宫，此后，刘骜固宠赵氏姐妹，对其他妃嫔不屑一顾。不过，不知是家族遗传还是别的什么原因，这姐妹俩同时患上了一个毛病——不孕。

像这种没有儿子做靠山的角色，一旦老公归了天，一定死得很难看。姐妹俩深深知道这一点，就疯狂地摧残宫人。史书记载"生下者辄杀，堕胎无数"。当时老百姓最爱哼的小曲就是"燕飞来，啄皇孙"。

刘骜结发妻子许皇后先后生下一儿一女，但都早夭；之后与班婕妤有一子，也早夭；后来宠幸赵飞燕、赵合德姐妹，皆无子，而赵氏姐妹迫害后宫，导致汉成帝最终绝后，皇位只能由侄子继承。

继位者刘欣，史称汉哀帝。

不久，皇太后赵飞燕被贬为孝成皇后，迁居到北宫，过了一个多月，又被废之庶人，被迫自杀身死。

赵飞燕姐妹出身卑微，她们的发达靠的是汉成帝的色令智昏。不过，刘骜在世时虽然给了她们的外家以封侯的赏赐，但并未给他们任何实质性的权力，根本无法使她们形成盘根错节的权力网络，与王氏外戚集团相比实在不可同日而语。赵飞燕姐妹当年的盛气凌人、飞扬跋扈，靠的是刘骜至高无上的权位。刘骜一死，她们立即陷入孤立无援的困境。特别是，由于她们在成帝当国时不知检点，树敌太多，与其他外戚、嫔妃间积怨太多太深。及至刘骜驾崩，宿敌们一起出来向赵飞燕姐妹身上泼脏水，有些趁机落井下石。众口铄金，使她们百口莫辩。

从某种意义讲，赵飞燕姐妹不自觉地担当了外戚王氏夺刘汉政权的工具。就她两人而言，入宫见妒，不得不采取自保的措施，属于人之常情，终其一生，并未干预朝政，也未残害忠良。只有毒杀有孕宫妃，断绝皇嗣，才是她们不可饶恕的罪过。

篇八

汉光武帝，其标格怎一个"秀"字了得

> 刘秀在哥哥死后，急忙去找刘玄，不是去跟仇人叫板，而是去向仇人服软。
>
> 刘秀在刘玄面前痛诉刘縯的缺点，回到家中以后，却抱着哥哥的灵位哭得肝肠寸断。
>
> 莽汉受辱，拎酒瓶子就打；君子报仇，十年不晚！
>
> …… ……

西汉出了个王大妈，外戚专权复活了

西汉到了刘欣这里，基本就结束了。剩下的两位小皇帝汉平帝刘衎、汉孺子刘婴要是放在影视剧里，纯粹属于友情客串，露个脸就没他们啥事了。

这个时候活跃在历史舞台上的，是"王大妈和她的小伙伴们"，西汉怎么治理，他们说了算。

王大妈名叫王政君，是汉元帝刘奭的媳妇。

王政君的皇后生涯是冷清孤独的。自从她生下刘骜，就很少被刘奭召幸。在王政君遭受冷遇的时候，刘奭却对傅昭仪喜欢得紧，爱屋及乌，因此对傅昭仪所生的儿子定陶王刘康十分喜爱，认为他多才多艺，是个靠谱的皇帝苗子。渐渐地，对王政君所生的太子刘骜就不那么满意了。尤其是后来刘骜常饮酒作乐，不务正业，刘奭更觉得他无德无能，不堪大任。因而，常常想废掉刘骜，改立刘康为太子。这使王政君与刘骜都忧惧不安，茶饭无味。

王政君母子找到元帝的宠臣史丹，双双跪倒在史丹面前，请求史丹相助。史丹见皇后和太子给自己跪下，自然不敢接受，立即也跪倒在地，同时搀扶起他们，说："我是拥护刘骜为太子的，誓死相助！"

史丹多方斡旋，鼎力相助。一次，刘奭生病，于宫中休息，史丹在旁周到侍候，后来众人退去后，室内只剩元帝一人，史丹关闭屋门，突然跪于汉元帝卧榻之旁。涕泣满面，非常虔诚而且委婉地说："皇太子以嫡长子而立，已十几年了，天下臣民，无不归心。现在外面流言纷纷，说陛下要改立定陶王为太子而废刘骜，果真如此，公卿定然不会奉诏，与其如此，臣愿先被赐死。"

史丹是刘奭的宠臣，对汉元帝一直忠心耿耿，而且智谋过人，很多大事的决策刘奭都听他的建议。此时，刘奭见他情真意切，也为之动容，知道行废立之事阻力很大，只好喟然长叹："哎，我也是左右为难呀。太子与定陶王都是我的爱子，我怎能不替他们考虑呢？但念及皇后王政君为人谨慎谦恭，遵法循礼，不愧一代贤后；先帝又喜爱太子，我岂能有违先帝于九泉之下啊？你不用多言了。我的病恐怕难以痊愈，到时候，还望你们好好辅佐太子，别让我失望才好啊。"

就这样，太子之位保住了，王政君当然也随之渡过险关，依然做当朝皇后，母仪天下。竟宁元年（公元前33年）5月，年仅43岁的刘奭崩，刘骜即位，王政君被尊为皇太后。

刘骜即位后，依旧沉湎酒色。王政君觉得，既然老公靠不住，儿子不靠谱，不如自己单干，于是趁刘骜和赵飞燕、张放打得火热之际，钻空子操纵了朝政，汉朝又开始了阴魂不散的"外戚干政"。

在王大妈的带领下，王氏集团迅速崛起，王氏兄弟五人同日受封，形成以王凤为首的"五侯"，家里那帮不争气的孩子也都当了官，西汉王朝的重要官职几乎被王氏垄断。

王氏子弟以"五侯"为首，在皇太后王政君的羽翼下，声色犬马，纵情恣乐，并大置宅第，其宅第规模宏大，数里之间相望不断。他们广占民田，盘剥百姓，弄得朝政腐败，民怨载道，各地相继爆发了农民起义。

刘骜处在皇太后及其家族的操纵下，从此不再关心朝政，反而更加追求荒淫腐朽的生活。有意思的是，就连他的私生活，也常常会受到王政君的干涉。

刘骜即位后，立许氏为皇后。许皇后是大司马、车骑将军、平恩侯许嘉之女，聪慧智达，善写文章，又擅于书法，加上年轻貌美，从太子妃到立为皇后，深得刘骜的宠爱，后宫其他妃子根本无法雨露均沾。因此，国丈许嘉权势日隆，使同时辅政的王凤等人深感不安。

汉家的传统，后父重于帝舅。当时有位叫杜钦的人劝说王凤："车骑将军（许嘉）是皇后之父，将军身为国舅，要对他尊敬，不要让他有何不快。'小不忍则乱大谋'，不可不慎。况且前车之鉴，有目共睹，愿将军明察。"对此态势，王大妈和她的小伙伴们不甘坐视，以许皇后专宠会影响皇帝继嗣不广为借口，减少了后宫的用度开支，借以打压许皇后的势力。

当时，全国各地灾害严重，灾民涌起，这正给王大妈与王氏兄弟对付许氏家族提供了证据。他们群起而攻之，借机陷害许皇后，说这些大灾都应当归咎于后宫失德。三人成虎，人们都这样说，就连刘骜也无话可说。此后许后渐渐失宠。这时，刘骜写诏书，让许嘉自己辞职，许嘉只好找个借口退出辅政大臣之位。

与此同时，许后的姐姐平安刚侯夫人许谒等以媚道之法诅咒后宫怀有身孕的王美人与大司马王凤等人，恰被早已对皇后之位垂涎三尺的赵飞燕、赵合德姐妹发现。她们立即向王政君实名举报，王大妈极为震怒，结果，许谒被诛杀，许皇后被废黜于上林苑中的昭台宫。

许后被废后，刘骜想立赵飞燕为后，王政君又百般阻碍赵飞燕的发展。

赵飞燕很聪明，她认为许后被废以后，自己到了非常时刻。但是，要想当皇后，首先要过皇太后这一关，否则一事无成。她采取迂回战术，千方百计拉拢太后的姐姐，让太后的姐姐帮她说话．终于得到了王大妈的认可。

刘骜驾崩以后，刘欣即位。这时，王大妈又下诏让王莽辅政，给了王莽绝好的施展才华、扩大政治势力的机会。

刘欣对王氏家族的骄横跋扈非常不满，更无法忍受他们染指皇权，于是对王氏家族实施了战略性打击，将王商之子王根还遣封国，贬为庶人，将王商所荐举为官的人，皆予以罢免。这样，王氏的势力被削弱了，王莽也退出辅政大臣之列。后来，刘欣迫于朝野上下的压力，不得不以王政君为名，下诏将王莽召回，让他继续执政。由此可以看出，王大妈当时还是西汉的实际掌权者。

元寿二年（公元前1年），刘欣死于未央宫，死因无从查证。刘欣膝下无子，王大妈立即入宫，掌握了象征最高权力的传国玉玺。她起用王莽，委以军政大权，立中山孝王9岁的儿子刘衎即位，是为汉平帝。

王大妈虽然高高在上，东山再起的王莽却逐渐地将她架空，掌握了实际权力。以致最终王莽逼宫夺玉玺，王政君只能咬牙顿足，拿出传国玉玺掷到地上痛骂不已。东汉班彪曾说："王莽得势，正是王政君历汉四世，飨国六十余年中，倚重外戚的结果。当权势不再的时候，她还心怀恋惜，握着汉家传国玺，不想交给王莽。可悲啊！"

从历史来看，如果没有王政君，没有王政君一手缔造的王氏集团，就不会有王莽做皇帝。其实，王政君缔造了王氏集团，也造就了王莽。

王政君从元帝时出现在政治舞台上，先后以皇太后、太皇太后的身份把持朝政，并一度临朝称制、俯视四海。富有讽刺意味的是，这位历经四朝、贵为天下国母、享年84岁的寿星皇太后，不仅目睹了西汉衰败亡国的全过程，而且是她把西汉传国玉玺交给了王莽。王政君从出现在西汉政治舞台伊始，就是以挽歌手的姿态走向西汉政治权力核心的，她本人也在难言之中结束了自己的传奇一生。

王莽，您确定自己不是穿越来的吗

王莽同志的发迹史，说起来很励志，用现在流行的话概括就是：没有伞的孩子，更要努力奔跑！

王莽同志和老王家其他孩子不一样，其他家孩子一句"我爸是王×"，甭管什么德性，就能混个官当当。

王莽他爹死得早，他是家族里有名的穷亲戚，靠不了别人，他就只能靠自己，拼不了爹，他就只能拼人品。

于是，王莽一边好好学习，一边使劲溜须，对待那帮叔伯大爷比亲爹还亲。再加上小伙子热爱交朋友，喜欢装低调，名声好得不得了。

王家这帮叔伯大爷一看，自家熊孩子个个纨绔子弟，指着他们保卫家族、光宗耀祖，没戏！于是全力扶植王莽。王凤、王商、王根三位老人家更是拼尽生命的最后一口气，将王莽推到了大司马的位置上。

最后，王莽实在装不下去了，索性不装了，一巴掌扇飞了小皇帝，自己建立一个新的王朝，名字也很新潮，就叫新朝。还美其名曰：禅让。

嗯，扇着让，可能也叫禅让。

西汉王朝，这就彻底拜拜了。

当上皇帝以后，王莽就开始大力实现他心中的梦想，他的梦想是——建立一个大同世界！

就问你诧异不诧异，惊奇不惊奇？这思想足足超前了 2000 年！

不过在当时，大家都觉得王莽是上天派来搞笑的，为什么呢？因为他的做法实在让当时的人们接受不了。

给大家举几个例子说说：

1. 土地国有化，所有土地按照人头平均分配，严格禁止私人买卖；

2. 反垄断，提出由国家控制物价的政策；

3. 建立贷款制度，人们种地或者做生意没有钱可以向国家借贷；

4. 大搞文艺复兴，发誓要把国家带回他心目中的完美国度——周王朝。这件事，欧洲足足比他落后了1500多年！

当然，这些思想在现在看来很正常，但在当时，绝对不正常。因为他的思想和当时的社会生产力严重脱节。纵观历史，思想超前的也有，但谁也没像王莽这么超前啊。

然而，还有一个，更会让你瞠目结舌！

王莽在全世界范围内第一个提出了"人人平等"的概念，要通过禁止买卖奴隶和婢女，废除奴隶制度。

王莽这一改革，无数穷苦人一下子就失去了赖以生存的工作，达官贵人、地主老财家的活没人干了，日子也不好过。全国上下怨声载道。

哪里有不满，哪里就有反抗。

对于王莽的前卫政策，全国人民纷纷表示不接受，于是组建了两支规模庞大的地方武装，一支叫赤眉军，一支叫绿林军，誓要推翻王莽。

在绿林军中，有这样一个俊俏后生，祖上是刘彻的兄弟，但到他这代家业已经彻底没落。他却干出了一番惊天动地的业绩，这个后生叫……

好了，休息一下，喝杯茶，下一章会更精彩！

王莽因为是"乱臣贼子"，所以他所开创的新朝未能被列入纪元。出现这种情况，其实是因为后来的东汉将西汉视为正统，他们的史书当然要将新朝排除在外。此后，各朝各代阐史官也都沿用东汉的说法，于是新朝未被列入正史。

当然，王莽的为人的确够虚伪、够阴险、够狡诈，大家不要学习他。

至于王莽的改革，不能说全错，但他太超前、太颠覆了。这种改革放在现在来看，并不违和，但在当时，完全格格不入。只能说，天才用错了地方，也会成为蠢材，步子迈太大，早晚会劈胯。

一场骗局，使大汉又延绵二百年

汉景帝年间，一个春风沉醉的晚上，刘启和下属们喝完酒以后，在内侍的搀扶下回到寝宫召程姬侍寝，但当日程姬身体抱恙，无法侍寝。

怎么办？皇帝召见，若是不去，且不说他老人家会不会追究抗旨之罪，要是因此失了宠，在这个吃人不吐骨头的后宫，以后的日子指不定是怎样的凄惨场景。

正当她一筹莫展，快要抓狂的时候，眼角余光突然瞥到了身旁的美丽侍女唐姬。这位唐姬小姐姐虽然称不上光艳四射，但胜在未经人事，含苞待放，别有一种少女的美丽。程姬怔怔地盯着唐姬，灵机一动，听说皇帝喝了不少酒，大醉了，何不将身边这个侍女精心打扮一下送过去，只要皇上开心了，管她是谁，这关就算熬过了。

第二天，日上三竿，刘启缓缓醒来，这才发现睡在自己枕边的不是程姬，刘启也是一脸呆萌，朕这是酒后胡作非为了？看着跪在地上，吓得瑟瑟发抖的美丽女子，刘启就直接把这件事翻篇了。皇上还是那个高高在上的皇上，侍女还是那个卑躬屈膝的侍女，就跟什么都没发生过一样。

然而，就是这一场骗局，导致唐姬意外怀孕了，而且还生下了一个皇子。刘启给这个孩子取名叫刘发，不过在刘启的14个儿子中，刘发同学的存在感一直很低，既不像大哥刘荣那样是天之骄子，也不像十弟刘彻那样会讨人欢喜，甚至连专心生娃的九弟刘胜他都比不了。

不过，因为"我爸是皇帝"，刘发同学后来还是捞了个长沙王的头衔。注意，当时的长沙可不像现在这样繁荣，属于大汉的边陲之地，这个地理位置也充分显示了刘发同学在爸爸心里的位置，他就是个边缘人。

有一年，刘启同志过生日，儿子们纷纷返回首都长安给老爸祝寿。席间，为了助兴，当然，更是为了讨皇帝爸爸欢心，各位皇子纷纷献艺，有的给爸爸吟诗，有的为爸爸耍剑，轮到刘发时，他跳了一支舞，逗得皇帝爸爸和诸位兄弟哄堂大笑。

你道为何？原来刘发同学这支舞跳得不是一般地尴尬，缩手缩脚，动作机械，非常滑稽，古代皇子都受过良好的教育，在场的诸位也很纳闷——长沙王的舞蹈水平不应该这么差劲啊？

刘启忍不住发问，刘发躬身施礼，答道："儿臣所在的长沙国国土狭小，实在转不过身来，没有办法自如施展舞技为爸爸助兴啊！"

听了这话，刘启先是一怔，旋即为这个儿子的急机感到欣慰，也觉得自己对这个儿子太不重视了，心中感到亏欠，随即大手一挥，将武陵、零陵、桂阳三郡并入了长沙国的版图。

刘发一脉从此在湖南扎下根来，生儿育女，繁衍生息，不过连续几代也没出现什么有出息的人物，都和他们的老祖宗刘发一样存在感很低，直到公元前5年的某一天。

水稻种植哪将强，河南南阳找刘郎

公元前 5 年 1 月 15 日，河南兰考，济阳宫后殿第二间房里突然红光暴涨，一个面目清秀的男婴呱呱坠地。

"老公，快给孩儿取个名吧。"产妇说道。

"叫刘二狗怎么样？"男子玩笑道。

"去！"女人含笑怒嗔，"咱儿仪表堂堂，怎么能用这么一个名字，二狗，你咋不叫他三猫呢？"说完还不忘狠挖男人一眼——摊上这么没正形的爹，娃命真苦。

男人哈哈大笑："你看你看，开个玩笑你又急。"男子笑罢正色道："今年粮食大丰收，咱家有几株谷子生了九条穗，民以食为天，百姓有禾乃乐，所以，咱儿子就叫刘秀吧。"

男人笑得前仰后合，这个女人，怎么一脑子歪思想，笑罢正色道："不是刘禾乃，咱们组合一下，叫刘秀！"

只闻平地一声惊雷，五湖起风波，四海掀巨浪！

这名男子叫刘钦，正是刘发同志的子孙后代，正经的皇室后裔，只不过到了他这代，已经没落成了小小的济阳县令。

九年后，刘钦在任上去世。

自古孤儿寡母受欺负，好在刘秀的大哥刘縯是个谁也惹不起的主。

刘秀的大哥有侠义气概，附近的社会人物都很敬重他。大哥对刘秀如兄如父，所以孤儿的身份并没有给刘秀幼小的心灵留下多少阴影。

篇八
汉光武帝，其标格怎一个"秀"字了得

不过，刘縯小哥哥有个坏毛病，就是喜欢搞大吃二喝那一套，像极了他的老祖宗刘邦。

不同的是，刘邦是个三无青年——没钱、没脸、没皮，所以他搞江湖，以吃别人为主，那是赚。

刘縯不行，他有皇室背景，在当地也算混得有头有脸，所以他搞江湖，多数都是别人吃他、拿他，有点赔本赚吆喝的意思。

说白了，就是有刘邦的病，没有刘邦的命。

因为刘縯小哥花钱大手大脚，家里被他折腾得越来越穷，小刘秀看在眼里急在心里，暗暗发誓，一定要苦学一门技术，帮助家里脱贫致富。

几年后，刘秀技术有成，远近闻名，当时河南湖北交界那一带都知道——水稻种植哪家强？河南南阳找刘郎！

有了刘秀的技术支持，刘縯那帮朋友每次来家里的时候，虽然鸡鸭鱼肉时常断流，但米饭馒头、萝卜白菜管够。

有时候，刘秀也会把哥哥拽到农田里，想让他感受一下"谁知盘中餐，粒粒皆辛苦"，也好收敛收敛自己的吃喝之风，可刘縯小哥压根没有这种脑回路，看到庄稼长得如此茂盛，总是忍不住赞叹："你真是块种田的好料子。"

…… ……

那些年，全国各地闹灾荒，南阳也不例外。可偏偏刘秀家的庄稼长得非常好，这能不让人嫉妒吗？能不让人眼红吗？

再加上刘縯什么朋友都交，其中不乏鸡鸣狗盗之辈，有关部门只要认真找茬，牵连打击，刘家绝对没好，于是兄弟俩一合计——跑路！

兄弟俩把母亲安置在娘家，开始勇闯天涯。

刘縯风一样的男子，不愿寄人篱下，于是浪荡天下，四海为家。

刘秀奔向新野，投奔姐夫邓晨，姐夫家有权有势，完全有能力收留他。

那些年，我们一起上过的太学

刘秀在新野的日子过得很滋润，没事和姐夫邓晨喝酒吹牛，偶尔闲扯一下天下大事，心心念一下隔壁村小妹妹阴丽华。

风头过后，刘秀回到家中，开始思考人生——怎样才能得到阴丽华？

种地？肯定不行，地里没有阴丽华，地里只有韭菜花。

读书？读书可以，知识就是力量，知识改变命运，知识征服心上人！

刘秀同学一路风尘仆仆赶往长安，只为心中那个美丽的梦想……

此时，长安的太学里面，年轻的学子们三三两两聚在一起，吹牛打趣，互拍马屁。在古代，不少文人墨客都好这个，胡诌八扯写点东西，然后就在圈子里相互恭维。

顺便提一句，王莽同志执政期间虽然搞得天下大乱，但对教育还是有些贡献的，比如对太学校舍大搞土木工程，史称"筑舍万区"。

即使太学扩招之后，生源质量有所下降，但烂船还有三斤钉，这里仍是个藏龙卧虎的地方。可以这样说，太学就相当于西汉末年和新朝时期的西点军校，"西点"的王校长弄个江山没搞明白，太学的一个学生随之搞出了一个江山，而且人家的班底很多就是太学生。

话说当时刘秀来到宿舍，环顾四周，四张木床，四堵白墙，还算干净。

刘秀的脑海中再次浮现出阴丽华的娇美模样，她拿着一根小竹竿在向自己招手:"秀哥哥,你骑竹马带我去摘青梅好吗?"……,"咚咚咚",门外响起了敲门声,打断了刘秀的思维,开门一看,是中青少三代人。

"带着爹和娃子来读书?"刘秀心想。来人一番自我介绍,刘秀才知道,三人正是自己的室友严光、强华和邓禹。至此,当年太学同学会最风云的几位人物,聚齐了。

邓禹当时只有13岁,在刘秀面前就是个小弟弟,所以在京城那段时期,穷书生刘秀身边总是跟着屁颠屁颠的小邓禹。

时间一晃来到了王莽地黄年间,天灾和民怨进一步升级,刘秀预感到天下将乱,毅然离开长安这个是非之地,主动退学回家种地。

拜别同学,刘秀回到家中,哥哥刘𬙂一见面就将他紧紧抱住,激动之情溢于言表:"秀儿,你回来得太是时候了!知我者,秀儿也!"

刘秀的情绪也被点燃,他猜想,哥哥这是要趁势而起,大干一场。也好,也不枉身上流着老刘家的血。

刘𬙂一向雷厉风行,有一说一有二说二,今天却有些扭捏:"秀儿,咱家地荒两年了,哥一直靠借贷过日子……"

真假刘秀,谁才是天命之人

王莽的超前政策把老百姓搞得没法过日子,只能揭竿而起。刘𬙂小哥自然不甘寂寞,他要复国,要把老祖宗的基业从乱臣贼子手中夺回来。

但在此之前,他要先去找一个人,问一句话,给自己注入精神魔力。

这种魔力很关键，也很神秘，它影响人心左右时局，它有名字，叫谶纬。

谶纬，说白了就是占卜和预测，大概始于商周时期的天命论与鬼神观念，到了西汉，董仲舒、刘向为了达到政治目的，将儒学和谶学硬生生捏在一起，形成了体系性的宗教神学。王莽为了宣扬自己篡位的合法性，更是极力鼓吹谶纬，使之成为社会主流学科。强华同学就是专门玩这个的。只是累死王莽也想不到，他竟然搬起石头砸了自己的脚。怎么回事呢？

接着往下看！

当时，刘縯小哥哥要去找的人，正是全国最红的占卜大师蔡少公。

于是，在一个撒尿成冰的早晨，蔡公馆来了一群不速之客，他们想知道——谁才是乱世终结者？

在大家求知若渴的眼神下，蔡少公也没卖关子，直接泄露天机："依老夫法宝《赤伏符》显示——天命之人是刘秀！"

众人闻言一惊，齐声问道："难道是当朝国师老刘头？"

两个刘秀又是怎么回事？真假美猴王的剧情？让我们把时间调到汉哀帝刘欣的荒诞时期。

当时，朝中有个大臣叫刘歆，也是玩占卜的，在整理他爹遗物时发现了一个精装木头匣，撬开锁一看，里面是一卷竹简。再一看落款日期，开国时的古董啊！

刘歆怀着激动而又忐忑的心情往下看去：……公孙病已（刘病已）当立！

这也太准了！再往下看：……乱我家者，太子（汉元帝刘奭）也！

刘歆越看越心惊……原来，未来是这个样子啊！第二天上朝——

汉哀帝："有事快说没事下班！"

刘歆："臣刘秀有本奏！"

汉哀帝大脑一阵恍惚，朝中也没有刘秀这个人啊！王莽新派来的卧底吗？

于是眼睛像扫描仪一样上下左右打量说话那人——不对啊，这人我认识啊！这不刘歆吗？没听说他有双胞胎兄弟啊！赶紧又问一遍："你刚才说，你叫什么？"

刘歆："刘秀，禾乃秀，有本奏。"

汉哀帝："你爹刚死，你就改名啊！"

原来，刘歆在预言书中看到：王莽代汉为天子，刘秀继汉二百年。于是改名刘秀。

从此以后，刘歆利用自己所学不断帮王莽造势，使王莽"名正言顺"地当上了皇帝，好队友刘歆则被任命为国师。王莽改制大剧就此拉开序幕。

再后来，民间起义轰轰烈烈，刘歆为了"顺应天命"，背叛了王莽，发动政变，转眼失败，自杀。

所以说，其实事业这个东西，靠的还是实力，不是改个名就可以的。

刘歆改名的原因其实众说纷纭。上面所说只是一个版本。不要当真，我姑且一说，你姑且一听。

继续说真刘秀。

当时，在场的众人听到蔡少公泄露的天机以后，纷纷认为是国师公刘秀（刘歆）。只有刘秀不以为然，嗤笑道："我好歹也叫刘秀，看不起我吗？"

众人："是啊，是啊，就是看不起你。"

也不怪众人有眼不识泰山，谁能想到这样一个爱好田间劳动、整天单恋漂亮妹妹阴丽华的农村小青年，日后会真的当上皇帝。

只有姐夫邓晨，沉默不语。

刘秀此时当然是在说玩笑话，连他自己都不信，然而邓晨信了，而且信到肺腑里。

离开蔡公馆以后，刘縯小哥失魂落魄，天命之人竟不是自己，这不是要给他人做嫁衣裳？好在小哥豁达：罢了，只要姓刘不姓王，就打他个乱泱泱！于是匆匆回去准备闹事。

刘秀则跟着邓晨回到了新野，那里有阴姑娘。日子短暂地平静下来。

随着南阳局势越来越紧张，邓晨终于忍不住向刘秀："天命之人是刘秀，难道不该应验在你身上吗？"

好一个邓晨，端的是火眼金睛，此时，天下也只有他看出了刘秀身上若有若无的王气。

刘秀听了邓晨的话，不置一词，只是凝望远方，渐渐露出蒙娜丽莎般的微笑。

邓晨恍惚间仿佛看到，有一种奇异的光芒，若隐若现地从刘秀身上透出，让人匪夷所思，妙不可言。

在宿命的牵引下，我们的主人公刘秀同学一步一步踏上历史舞台，看吧，更精彩的剧集即将上演。

血战昆阳，刘秀闪亮登场

公元 22 年，刘縯小哥举旗造反，部队番号舂陵军。

上阵亲兄弟，打仗父子兵，刘秀自然也不能做旁观者，骑着牛"嘚儿、驾、喔、驭"就去和王莽军干架了。

篇八
汉光武帝，其标格怎一个"秀"字了得

有读者可能又要费解了，他为啥要骑牛？很好看吗？其实就一个字——"穷"！《后汉书》记载：光武初骑牛，杀新野尉乃得马——不是愿意骑，实在买不起，武器基本棍棒，坐骑基本靠抢。

其实天下的大事，往往都有一个蹩脚的开始。

刘縯、刘秀起兵之初，前途茫茫，人心惶惶，大家心里七上八下，队伍不好带，动不动就有逃兵。

刘秀眼珠子一转，计上心来，故意穿着盔甲招摇过市。大家一看，刘秀这个一向怕事的白面书生都准备好了，我们还怕啥！总不能让穷酸书生看笑话吧！人心就这么轻而易举地被刘秀稳定下来，队伍也越来越壮大。

当时，天下最大的反王莽武装是绿林军，刘家兄弟势单力薄，为了避免给人塞牙缝，便主动与绿林军寻求合作，大家组团造反。

随着绿林军的势力越来越强大，高层们决定推选一位刘氏宗亲做皇帝，这样跟王莽打仗显得是多么正义。

很多人都觉得刘縯小哥不错，威武仗义又霸气，高层说："不行！"

绿林军高层出于私心，怕日后控制不了刘縯小哥，就找了个懦弱的刘玄当皇帝，大家叫他更始帝。这称号就不太吉利。

汉朝复立这事，让王莽很是恼火，于是派兵40万来打昆阳，按照古人的习惯，约架时人数上一定是要吹牛的，这40万大军号称100万。那有多少人守城呢？1万！刘秀决定去搬救兵。

这时候很多人都怂了，大家商议后一致决定：不等刘秀了，投降！然后各回各家，各找各妈。

可是攻城的将领和王莽一样有趣，死活不同意昆阳守军投降，非要一刀一枪地打下来！

你不给我活路，那我死也不让你舒服，于是城中守军下定决心，血

战到底。

当刘秀归来,大战一触即发。

每一个明星都有一部代表作,比如项羽的经典是《别姬》,那么刘秀的成名作就是《昆阳》。

其场景简直就是一部科幻大片。

在这场战争中,王莽使用了非常规手段。他不知道从哪找了个叫巨毋霸的人,担当全军形象代言人,此人身高接近两米三,腰圆堪比大水缸,往那一戳,就够吓人的!而且,为了弥补兵源战斗力差的问题,又在军中饲养了大量野兽作为非常规武器。

可惜苍天不配合他!

苍天对刘秀同学说,暴走吧!小伙儿!你开挂的时候到了!我配合你!

于是,"夜有流星坠营中,昼有云如坏山,当营而陨,不及地尺而散,吏士皆厌伏"。

刘秀人还没到,就先使出了陨石召唤术,夜里对着王莽军一顿神砸,白天又用蘑菇云镇压,然后雷暴交加,大雨稀里哗啦,影音效果非常好。山林中的野兽哪见过这等惊天动地的场面,吓疯了,四处踩踏,把自家队伍给冲得七零八散!士气一下子踩稀碎。

笔者觉得,如果把这段拍成电影,《阿凡达》估计没戏了!

这时,刘秀领着众筹来的援军回来了,城里城外,不到两万,力量还是非常悬殊。

刘秀组织了一个3000人的敢死队,自己亲自上阵,手刃好几十人。

小伙伴们都震撼了!说秀儿今天怎么这么猛!大家并肩子,别丢男人的脸!

在刘秀的感染之下,绿林军个个小宇宙爆发,如虎入狼群,王莽军被打得哭爹喊娘，光抱头鼠窜掉进河里淹死的就有上万人。

可叹王莽在实力碾压对手的情况下，还是败给了天时。

哥哥，为你报仇，现在还不是时候

影片《昆阳》落幕以后，主角刘秀迅速走红，以前总是在大哥刘縯背后的他，一跃成为历史舞台冉冉升起的新星。

经此一战，王莽主力部队彻底被摧毁，绿林军一鼓作气杀入长安，王莽死于乱军之中。

谁知道，刘秀开挂，却间接伤害了刘縯小哥。

当时，刘縯小哥已经威震天下，王莽曾开出黄金万两三公之首的待遇求购小哥人头。刘玄也对刘縯非常忌惮。现在，又出了个"呼风唤雨"的刘秀。让他们哥俩做大，自己这皇帝还能干下去吗？

于是，刘玄捏造了个谋反的罪名，不由分说杀了刘縯小哥，刘秀的心在滴血……

然而，刘秀毕竟是刘秀，一路走来，多少磨难与动荡，多少明刀和暗枪，他早已不再是从前的那个刘秀，所以一夜之后，他便将撕心裂肺的痛苦深深压制，变得沉静而可怕……

刘秀在哥哥死后，急忙去找刘玄，不是去跟仇人叫板，而是去向仇人服软。

刘秀在刘玄面前痛诉刘縯的缺点，回到家中以后，却抱着哥哥的灵位哭得肝肠寸断。

莽汉受辱,拎酒瓶子就打;君子报仇,十年不晚!

从现实和残酷的角度来说,刘玄残害刘縯小哥,却给刘秀清除了登上权力巅峰的两大障碍——亲情和大义。如果刘縯小哥不死,我们的主人公不可能越过哥哥君临天下;如果刘玄不干这么缺德的事,刘秀也不好意思把他拉下马。现在,刘秀再无顾忌,他将登上比昆阳更大的历史舞台!

或许是为了安抚刘秀,又或许是为了做样子给别人看,刘玄让刘秀接替死去的刘縯做大司马。大司马官职很大,刘玄是不是很器重他?

嗯,确实很器重,不给兵马,只让他拿着一根象征皇权的破棍子(节杖),去各方势力盘踞的河北做安抚工作。

在此期间,我们的主人公完成了人生中最重要的一件事——迎娶了乱世佳人阴丽华。

新婚不久,刘秀就将娇妻送回了娘家。他这次任务很艰巨也很危险,当然不能让心爱之人以身犯险。

刘秀这次任务的难度,就好比你带四五个队友去捉一群猛虎,要求正面接触,还不能伤害野生动物。稍一疏忽,就得一命呜呼!

如此高难度,刘秀唯一的装备却只有一根破棍子……啊不是,一根节杖。

但是,对于"位面之子"刘秀来说,这是问题吗?不是问题。

刘秀刚进入河北地界,就有不少人扬言要砍了他,他们几个人连城都不敢进,只能风餐露宿,日子过得好不辛苦。

但是,天命之人的强大光环随之显露出来。

当地老百姓一听昆阳之战的大英雄来了,自发组团前来送吃喝,还有送美女的。这位美女叫郭圣通,真定王刘杨的外甥女。这是一场政治联姻,但在当时的情形下,刘秀不得不"笑纳"。

当时有个叫刘林的坏蛋，提议刘秀掘开黄河水淹死赤眉军，刘秀害怕造成生灵涂炭，坚决拒绝。

刘林怀恨在心，假称朋友王郎是汉成帝遗落在民间的孩子，于是拥兵自立，捕杀刘秀。

怎么办？跑吧！再不跑死定了。

刘秀狂奔，奔到滹沱河，岸边没船。河面突然就结冰了，刘秀花样滑冰就过去了，而他的随从还没过完，河水又开始解冻了。你说神奇不神奇？

刘秀过了河，正不知道天大地大何处是我家，路边突然就出来个白衣服老头，有可能是土地公公什么的，指引刘秀去信都郡。

刘秀在这里建立了根据地，附近好汉都来归附，队伍迅速扩展到数万人，最终攻破邯郸，灭了王郎。王郎到死也不知道，刘秀为什么这么神奇。

刘秀再接再厉，平定铜马、青犊等乱军。打了一年多的仗，实力非但没有损伤，反而迅速膨胀成兄弟百万，裂土千里的天下最大势力！

你们见过这么离谱的事情吗？

公元25年，刘秀与刘玄决裂，在河北登基称帝，史称东汉世祖光武皇帝。

大汉出了个光武帝，人民过上了好日子

刘秀称帝以后，哥们弟兄、亲朋旧部纷纷前来投奔，著名的云台二十八将也是在这一时期召唤出来的。

这期间还发生了一个插曲。刘秀杀掉王郎以后，在王郎住处发现了自己手下和王郎的往来书信，很多是诋毁和诽谤刘秀的，甚至有出主意剿杀刘秀的。大家提议严惩。

一天，刘秀把官员们召集在一处，点起炉火，火光映照在士兵们的刀枪上，显得威严而肃穆。那些与王郎暗中往来的官员都吓失禁了，脸色苍白，他们知道一旦追究起来，即使不被杀头，也会被关进深牢大狱。胆小的人开始浑身发抖，胆大的也开始后悔没有早些逃走。

刘秀却是一副若无其事的样子，他让士兵把那些信都扔进火炉，看着书信燃烧成灰烬，然后说："现在大家可以安心了。"

官员们都拜伏在地上，庆幸自己逃过了一劫，同时也很感激刘秀放过他们。

这事儿刘秀干得非常漂亮，大家都说刘秀是个好领导，从此死心塌地为他卖命。

在前半生的戎马生涯中，刘秀要统率驾驭很多不容易领导的人物，而都能够取长被短，互相牵制，除了他的宗室身份，显赫的声名和天才的领导能力外，同时还在于他有着忍性和宽容之心。

这时候，刘秀30岁，离他起兵造反、骑牛找马，仅仅过去三年时间。

接下来就没什么好说的了，因为他实在太顺了，天命之人真的不是白叫的。

十二年后，东汉彻底扫平天下。刘秀该封的封，该赏的赏，精兵简政，放下刀枪拎起锄头干农业。国家力量不断增强，史称光武中兴、建武盛世。

刘秀本人不仅好学问，而且"尊贤礼士"。他把尊贤看作国家治乱盛衰的大事。他对不仕王莽新朝的学士名人，更是悉力召见。凡应征召见的，刘秀均躬亲下问，量才授职。凡不愿为官的，刘秀也不强求，以礼相待，虚心咨询。

刘秀视建太学重于修饰宫室，又大力提倡经学。史称他"爱好经术，未及下车，而先访儒雅"。正是由于刘秀尊贤重学，因而儒生学士包括不仕王莽新朝的独行逸士也都愿为东汉服务了。刘秀还崇尚名节，允许知识分子结恩义、讲气节、交相引、兴清议。如此提倡的结果，使东汉一朝忠贞之气蔚然成风。

凡此种种，使刘秀统治时期国家政治清明，任贤使能，外戚、功臣自觉回避政治。如把365个功臣封列侯的方法，让功臣们既不干预朝政，保持荣耀，又防止功高擅权。

当年的小弟弟邓禹，虽为云台二十八将之首，亦急流勇退。他在战争平息后，就食邑不问政事，潜读佛书。

外戚阴兴坚决辞去被封列侯，认为"外戚家若不识谦退，富贵有极，人当知足"。政治稳定，使社会秩序安定，人民安居乐业。经过十几年的努力生产，东汉初经济有了很大的发展，人口及垦田数逐年增加，税收也随着增加。

由于有刘秀的十多年和平治国的基础，东汉前期的七八十年中，生产发展，人口增加，垦田数和高税者也随着增加。公元57年，全国人口仅2100万，到公元105年，全国人口已达到5300余万人。垦田数到东汉和帝时，达到7.3亿亩。手工业和商业也得到很大的发展。刘秀经过几十年的努力，把分裂割据的国家恢复了统一，并使国家从战乱萧条中逐渐走向繁荣兴盛。

刘秀在位33年，大兴儒学、推崇气节，东汉一朝也被后世史家推崇为中国历史上"风化最美、儒学最盛"的时代。

中国出了个光武帝，人民过上了好日子。

公元57年，刘秀去世，享年62岁。全国人民沉痛哀悼。

与刘邦截然相反，刘秀当上皇帝以后，并没有干兔死狗烹的缺德事。

当年跟着刘秀打天下的"云台二十八将"，除少数人生病早逝，其余都富贵终老。

多年以后，蜀国丞相诸葛亮和魏国王子曹植，展开了一场关于"刘邦和刘秀谁更优秀"的讨论。

曹植王子认为，论人品和能力，刘秀比他老祖宗刘邦不知道好多少，但刘邦的团队比刘秀的团队更强大。

诸葛亮先生持反对意见，他说刘秀的团队差啥啊！是刘秀实在厉害，再厉害的下属在他面前都要黯然失色。所以诸葛先生认为刘秀比刘邦更厉害。

但也有唱反调的，比如马援，他说刘秀能文能武、有才有德，亲力亲为，才有了后来的成就。而刘邦以上几样啥也没有，一样坐拥天下，所以刘邦更厉害！

这到底是夸人还是骂人呢？

笔者觉得，或许正是因为刘秀低调谦逊有内涵，才使得他的知名度远比不上他的历史功绩，但也许，这才是刘秀想要的。

篇九

外戚与宦官鏖战，王朝再度陷入混乱

汉质帝刘缵早慧，放今天说就是个天才儿童，可惜因为口不择言被梁冀残杀了！

刘缵骂梁冀骄横跋扈，梁冀就给小皇帝喂了一块毒饼，并且不准在场者急救，大家眼睁睁看着可怜的孩子在极度痛苦中慢慢咽下了最后一口气……

历史的教训也给大家提了个醒：话不要乱说，东西同样不要乱吃。

…… ……

西域有定远侯在，朕很放心

东汉，自刘秀开国以后，在历史上存在了 200 余年，却相当没有存在感。

其实，真的不是东汉不争气，实在是西汉和三国这俩家伙太抢戏，你知道人家东汉为了上回"头版头条"有多努力？豪横外戚和宦官天团倾情演绎，最后更是"黄巾战队"遍地，只可惜运气真不咋地。

刘秀去世以后，他的风采余韵依然罩着新生的东汉帝国。

刘秀的儿子汉明帝刘庄是个乖宝宝，继承爸爸遗志，一心把家业发扬光大，使得国家安定，人民富足。有了钱，大家都积极生二三四五六胎，人口从两千多万一下涨到四千多万。

一般来说，一个新政权登上历史舞台，总要搞一些纪念性活动，这样才有仪式感是不是？子孙后代以后跟别人侃大山，也有一些拿得出手的东西。

刘庄说，我爸爸低调，不愿意出风头，咱们创新一下，纪念功臣，也显得咱们老刘家做人厚道。于是命人在洛阳南宫云台画了二十八个功劳最大的开国将领，这就是云台二十八将。

公元 64 年，乱世佳人阴丽华香消玉殒，刘庄一下子成了孤儿。他十分想念妈妈，常常在夜里梦到她。有一次，刘庄梦到妈妈变成了头顶发光的金人，于是找人来解梦，有人告诉他："天竺那边的神都是自带光环的!"

刘庄立即派人去天竺请佛,最后使者抱着一尊佛像,带着两个僧人,牵着一匹白马,驮着四十章佛经,回到都城洛阳。洛阳白马寺由此而来。

正当东汉大家庭君臣相爱、百姓开怀的时候,隔壁捣蛋鬼匈奴又来了,还喊了车师、都善、龟兹等几个墙头草小伙伴,不断在东汉家门口搞破坏。

这个时候,班超出手了!

班超绝对是老班家的另类,他爸班彪、他哥班固、他妹班昭都是中国史学界大名鼎鼎的人物,接力编撰出版了《汉书》,生长在这样一个文化底蕴深厚的知识分子家庭,班超的文学水平自不必说,但他的本心并不喜欢舞文弄墨。

成年后,班超随哥哥来到洛阳,找了一份为官府抄写公文的工作,待遇还算不错,但班超抄着抄着就抄烦了,把笔一扔,慷慨激昂道:"男子汉大丈夫,应当像张骞那样远征万里,建功封侯,怎么能老干这些破事!"

这一扔,就扔出了个流传2000年的成语——投笔从戎。

班超扔掉笔,提上刀,毅然决然地报名参军,跟着窦固去打匈奴,这一走,就是一辈子。

窦固是刘秀的女婿,早年间,窦家是靠着老乡班彪做介绍人,才投入刘秀阵营的,两家人关系一直不错。窦固给了班超一个假司马的职位,让他带领一支小分队到西线作战,班超如猛虎出笼,一口气打到新疆巴里坤湖,把敌人打得心惊胆战,这才鸣金收兵。

窦固一看,这小老乡不错啊,是个打架的好料子,而且喜欢远途作战,索性让他跟着郭恂带领一支36人使团,前去西域做思想工作,希望可以通过外交手段,分化瓦解匈奴势力。窦固在做决定时肯定没有想到，自己这个决定竟是如此英明。

班超等人的第一站是鄯善，鄯善国王一开始对汉朝使臣们很是恭敬，可没过几天，态度就变了，非常冷淡。班超感觉不对劲，把宾馆服务员叫过来劈头盖脸就问："匈奴那帮人都来好几天了，怎么不告诉我？他们现在住在哪？"

班超其实并不知道匈奴使者来没来，他只是有这么一个猜测，然后使了个诈，而缺乏经验的胡人服务员当场就被诈懵了，老实巴交地将实情一一道来……

匈奴使者果然来了，而且貌似思想工作做得还不错，搞得鄯善国王左摇右摆，不知道该如何选边站队。

班超二话不说，就将这个胡人服务员关了禁闭，然后将手下的36个弟兄叫来喝酒，大家喝得面红耳赤、牛皮满天飞的时候，班超突然来了一句："诸位，匈奴那帮人也来了，而且怂恿鄯善王杀掉咱们，你们说怎么办？"

下属们众口一声："都听班哥你的！"

班超要的就是这句话，他拍案而起，大手一挥，又弄出一句成语："不入虎穴，焉得虎子！今晚我们就去匈奴驿馆杀掉他们，让鄯善王趁早断了歪心思！"

有人表示，咱们是不是应该跟郭恂郭大领导请示一下？

班超断然拒绝："郭恂成事不足败事有余！横竖都是个死，要死咱们也要死得像个壮士！"

大家被班超煽动得豪情万丈，约定时间一起动手。

当晚，班超带着他的36个兄弟悄悄来到匈奴使者下榻的驿馆附近，他安排10人擂鼓惊吓敌人，其余人手持刀枪箭弩埋伏在门口，出来一个杀一个。那天，老天爷也帮忙，班超等人正准备动手，大风突起，班超灵机一动,放起了火,风助火势,火借风威,一霎时就将匈奴驿馆烧成了一片火海。

匈奴使团虽然人数众多,而且个个剽悍,但猛然遭到袭击,又被大火包围,猝不及防,慌作一团,逃命都找不准方向。班超手起刀落,亲手杀掉3人,其余36人并肩而上,又斩杀匈奴使团30余人,其余100多人全部葬身火海,而东汉使团这边无一伤亡。

郭恂得到消息,吓得半天说不出话来,智商、情商双一流的班超赶紧宽慰他:"郭哥你放心,上头要追究,责任是我的,上头要嘉奖,军功章里肯定有你的一半!"

在鄯善地界团灭匈奴使者,无疑是绝了鄯善后路,一个在大国夹缝中求生存的小国,本来手里就没有几张牌可打,事到如今,鄯善王只能哭丧着脸接受汉朝领导,乖乖地将自家孩子送去汉朝当人质。

班超一战成名,消息传回长安,可把刘庄高兴坏了,特意吩咐窦固:"既然班超这么有外交手腕,就让他做外交大使,去西域各国做思想工作吧!"

窦固接到皇令,打算给班超再添点兵马,班超微微一笑,拒绝道:"有这36个兄弟跟着我,就足够了,外交主要靠思想压制,人多了跟到人家地盘打架似的,容易激起逆反心理。再说,真遇到什么危险,在人家地盘,人多了徒增伤亡而已。"

班超团队的第二个工作对象是于阗,于阗王刚刚在匈奴的帮助下破了莎车国,此时志得意满,而且和匈奴还在蜜月期,这种情况下,于阗王虽然不敢公然与大汉叫板,但对东汉使团的态度十分冷淡傲慢。于阗国的大巫师更是打着神灵的幌子,索要汉朝使者的坐骑做祭品,实际上是要给班超等人一个下马威。

班超这时很大国范地表示:为了与你们好好相处,杀匹马算什么,这帮人里我官儿最大，就杀我的，千万别和我客气，快叫你们国师来取！

于阗巫师美滋滋地来牵马，刚一进门，就听"咔嚓"一声，班超抽出佩剑砍下了他的脑袋，让随从带回去给于阗王看看。于阗王已经听说了班超在鄯善的事迹，现在见到自家国师只是要匹马，就被剁了头，吓得屁滚尿流，结结巴巴地下诏，令军队攻杀驻扎在于阗的匈奴监军，同时官宣，于阗归附大汉。

收服了于阗，班超冷冷地转过头，看向天山北路的小霸王龟兹，龟兹是匈奴的小弟，仗势欺人，杀掉了疏勒王，让自己人兜题入主疏勒，疏勒打不过龟兹，敢怒不敢言。

西域50余国，大多数分布在天山南北的一连串绿洲上，不收服龟兹，天山北路各国就无法与中原发展国际友好关系。

这次班超让下属去领头功。田虑仅带几个兄弟去见兜题，见了面二话不说，直接将他按在地上摩擦。疏勒人本来就对龟兹恨得咬牙切齿，没人为兜题护驾，大家一哄而散，躲在远处看热闹。班超随后赶到，废掉兜题，将原疏勒王的侄子立为新王，疏勒人自动脱离匈奴和龟兹掌控，向东汉臣服，从此与龟兹势不两立。

然而，正当班超在西域准备大展宏图的时候，刘庄招呼都不打一声就去了，新皇刘炟继位，是为汉章帝。

这个时候，东汉上上下下都在忙着办丧事，没工夫顾及西域，龟兹、姑墨、焉耆等国趁机搞事情，联手杀掉了汉朝西域都护陈睦，并向疏勒发动攻击。

东汉朝廷根据自身实力衡量利弊，决定战略性放弃西域，并召班超回国。消息传来，疏勒全国上下都哭了，都尉黎弇为劝阻班超归国，竟自己抹了脖子。班超返程走到于阗，于阗国更是哭声震天，于阗王抱着班超的马腿哭喊"你别走"。班超看到西域人民归附中原的迫切愿望，同

篇九 外戚与宦官鏖战，王朝再度陷入混乱

时也不甘心数年心血毁于一旦，于是毅然决然上书皇帝请求留守西域。

班超重返疏勒时，疏勒已有两座城降了匈奴，班超当即带领疏勒军民清理门户，平定叛军，重新稳定了西域局势。

三年后，班超扫平墨石城，同时上书给刘炟，请求朝廷将龟兹以前送到洛阳当人质的王子白霸遣送回国，并官宣他为龟兹王，人为给龟兹制造内战，"以夷狄攻夷狄"，只要龟兹一乱，自己就可以乘虚而入，届时，平定龟兹乃至西域全境将指日可待。

听了班超的分析，刘炟也被点燃了豪情，命徐干在民间和犯人中组织一支千人队伍，前去西域支援班超，又命李邑护送乌孙使者回国，结好乌孙，说服对方配合班超行动。

李邑这个人胆小又自私，走到于阗便双腿打战，不敢继续向前，但又不敢公然违抗皇命，于是上书诬陷班超，说班超那家伙在西域娶了个特漂亮的姑娘，整天老婆孩子热炕头，都快被同化成西域人了，根本没把国家大事放在心上，皇上，为防不测，咱还是终止这次行动吧！

班超得知此事，也是郁闷至极，跟身边人说：连曾参那样品德高尚的人，他自己的母亲都经不住别人三进谗言，何况我还一身臭毛病呢？恐怕领导们要疑心我动机不纯了，如此，前功尽弃矣！

为了向领导们表明心迹，也为了完成平定西域大业，班超含着泪和自己的爱妻办理了离婚手续。

刘炟得知此事，也是心生愧疚，回书批评李邑：就算班超想在西域老婆孩子热炕头，不思中原，他手下那些思乡的将士们能干吗？你小子以后就听班超指挥吧，要是用得着，就扎根边疆吧！

刘炟这是给了班超一个泄愤的机会，但班超并没有这样做，反而安排李邑回京复命。徐干提醒：他诬陷诋毁你，为啥不留下来慢慢收拾他，你让他回去，他再造你的谣咋办？

班超微微一笑，洒脱地说："徐兄你这么说就不爷们了。正因为他诋毁过我，我才有意放他回去，男子汉大丈夫，做事要光明磊落，如果将他留下公报私仇，不是大丈夫所为。"

处理完内部矛盾，班超在西域的重头戏终于上演。

元和四年（公元87年），班超调于阗等国士兵2万余人，再攻莎车。龟兹王遣5万兵救援莎车。敌众我寡，班超决定用计。

这天，班超召集将校和于阗国王商议军情，他故意装出胆怯的样子说："现在咱们兵少，不能克敌，最好的计策是各自散去。于阗从这里往东走，长史也从此西归。等听到夜里的鼓声便可出发。"班超偷偷嘱咐手下故意放松对龟兹俘虏的看管，让他们逃回去报信。

龟兹王闻讯大喜，自己率1万骑兵在西边截杀班超，派温宿王率领8000人在东边阻击于阗。班超侦知龟兹已中计，迅速命令诸部齐发，在鸡鸣时分，直扑莎车大本营。营中没有防备，军士奔逃，班超率众追斩5000多人，莎车国降，龟兹王等也散去，班超因此威震西域。

就在班超击破莎车的同年，月氏王派遣使者来到班超的驻地，向汉朝进贡珍宝、狮子等，提出要娶汉朝公主为妻。班超拒绝了这个要求，月氏王因此怀恨在心。

永元二年（公元90年）夏，大月氏出兵7万，东越葱岭攻打班超。班超的军队处于劣势，大家都很恐慌。班超却说："月氏兵虽然多，但他们跋涉数千里，翻越葱岭来入侵，运输极为不便，有什么可忧虑的呢？只要收好粮食，坚守不出，敌人便会因饥饿而投降。不过几十天我们便会击败敌人。"

大月氏进攻班超，无法攻克，抢掠粮草，又无所得，果然疲惫不堪。班超估计他们粮草将尽，一定会派人到龟兹求救，预先命几百士兵在东边埋伏，断其求援之路。大月氏进不能进，退无法退，只好遣使向班超请罪，希望能放他们一条生路，班超放他们回国，大月氏国王大为震惊，与汉朝和好如初。

永元六年（公元 94 年），升任西域都护的班超最终讨平焉耆、危须和尉犁，至此，西域 50 余国全部对东汉俯首称臣。

次年，花甲之年的班超终于实现了毕生的理想，迎来了人生的巅峰——建功封侯——定远侯！

6 年后，垂垂老矣的班超思乡之情愈烈，遂向汉和帝刘肇提请辞职，希望能够落叶归根，返回中原，这位维稳大使在给皇帝的信中满怀深情地表示："臣不敢望到酒泉郡，但愿生入玉门关。"他知道自己时日无多，甚至不敢奢望能够返回酒泉，但求能够再次踏进祖国的玉门关，死于国内，心愿足矣！

京城里，班昭也为哥哥求情，希望皇恩浩荡，能让哥哥落叶归根。

有感于这位老人为大汉做出的贡献，刘肇召班超回京，任职射声校尉，这一年，班超 71 岁。一个月后，为国为民辛劳一生的班超因病去世。

不久，西域又乱。

为诛窦宪，饮鸩止渴，启用宦官天团

东汉初期，刘庄、刘炟爷俩都是创业团队的模范领导，国家在他们的领导下进入黄金时期，史称"明章之治"。

不过刘炟有一个毛病，就是任人唯亲，这也是家族企业的通病。刘炟这个任人唯亲又比较狭隘——只对老婆娘家人亲，于是，消停了一段时间的外戚专权又悄悄地死灰复燃了。

其实刘秀早就防着外戚这一手，立下规矩不准给娘家人做大的机会。汉明帝刘庄在这方面做得也比较好，他对外戚严防死守，文书传递几乎全靠中常侍来完成，外戚关系再好也不准入宫宿卫。甚至刘庄暴死前后，像大舅哥马廖、马防这么亲近的重臣都不得入宫！很显然，从维护社稷稳固的角度看，刘秀、刘庄可谓是深谋远虑，心机足够缜密了。

但到了刘炟这里，他不听话了，不听话的孩子自找苦吃。

当然，大家也不要一听外戚二字就扔砖头，有些外戚还是很有两把刷子的，比如西汉的霍家。刘炟时的窦家也算是人才辈出，他大舅哥窦宪，就是个很会打仗的人。

窦宪也是个世家子弟，他太爷爷窦融是跟着刘秀打天下的，官拜安丰侯，云台的二十八将之一，东汉初期，窦家家世显赫。然而，窦家的荣光没过多久就戛然而止了。原因是，窦宪他爷爷窦穆以功勋后裔、皇亲国戚自居，根本不把国法放在眼里，强占土地、强抢人妻、贪污索贿、欺男霸女什么坏事都干，刘庄对他略施惩戒，他嘴里就碎碎念地抱怨皇上，这就深深触动了刘庄的小心脏，结果，窦宪他爷、他爹、他叔一起被赐死在狱中，窦宪成了孤儿。

虽说是孤儿，但刘庄念在窦融的功劳，并没有对窦家搞大抄家，所以窦宪在吃穿用度方面跟其他官二代、富二代没有太大不同。要说差别，就差在窦宪从小没人管教，混迹街头，骄横跋扈，为所欲为，是远近闻名的问题少年。亲朋旧友看见窦宪都忍不住叹息，说这娃这辈子算是完了。

好在窦宪的妹妹长得好看，长大后嫁给了刘炟。

窦小妹刚入宫的时候，就是个普通的妃嫔。但她言语乖巧，演技又

篇九 外戚与宦官鏖战，王朝再度陷入混乱

好，一眼看去，还真会以为她是个温柔善良、天真无邪的少女，实际上，她心机深得很。

窦小妹先是以高超的演技骗取了刘炟养母马太后的信任，接着又玩弄权术步步为营，终于登上了皇后的宝座。几年后，她以"巫蛊"为名，构陷原来深受刘炟喜爱并生有皇子刘庆的宋贵人姐妹，将姐妹二人生生害死。随即，她再施手段，除掉了后来的汉和帝之母梁贵人。这几件事发生后，除了被蒙在鼓里的刘炟以外，满朝上下无不对窦小妹心生忌惮。

靠着窦小妹的起势，窦家再次兴旺发达起来。窦宪成了皇帝的大舅哥，受封虎贲中郎将，相当于今天的首都警备区司令。但窦宪依然不改顽主作风，在京城里强取豪夺，欺压百姓不说，甚至皇亲国戚他都敢霸凌，连老皇亲阴家、马家的人都怕他。

有一次，窦宪看中了一块好田，本想直接抢过来，一打听，竟是沁水公主刘致的自留地。既然是公主，多少都要给点面子，那就买吧！于是，窦宪用远远低于市场价的价格买下了刘致的田园。刘致一百个不愿意，但堂堂公主竟然不敢与窦宪相争，憋屈至极。

后来，刘炟车驾经过此地，看到窦宪出来接驾，顿时就懵了，问道："这不是我妹沁水公主的地吗？我送给她的啊！怎么到你手里了？"

窦宪答不出个所以然，同时也暗中呵禁手下的人不准回答。刘炟在窦宪这里没有得到答案，但并不妨碍他继续寻找答案，当探知真相以后，刘炟怒不可遏："窦宪可真行啊！欺负人都欺负到我妹头上了！"当即把窦宪召来，对着他就是一顿雷霆暴怒。

眼见哥哥摊上大事了，窦宪的妹妹窦皇后自动降低服饰等级，向皇帝谢罪，并一再为哥哥求情。刘炟看在皇后的面子上，没有深究，只是命窦宪把田园还给公主，但从此对他不再重用。

公元88年2月，年仅31岁、身体一向不错的刘炟突然毫无征兆地驾崩，死因成谜。随着他的英年早逝，东汉帝国的黄金时代戛然而止，逐步陷入豪横外戚与宦官天团交替专权、互相恶斗的混乱局面。

刘炟死后，年仅10岁的刘肇继位，是为汉和帝，窦小妹升级为窦太后，执掌朝政！

据说，刘炟活着的时候，窦小妹就跟郭圣通的侄孙郭举私通，刘炟死后，尸骨未寒，她又看上了前来吊孝的王族纨绔子弟刘畅，有事没事就约谈刘畅，此处省略一万字……

她的这种行为，连哥哥窦宪都看不下去了，窦宪生怕妹妹玩物丧志，疏远自己，使刘畅分去自己的权势，索性直接派人杀掉了刘畅。结果，东窗事发。

暗杀皇族，别说皇族人士和满朝文武怒气滔滔，就连窦太后都动了真怒：我的人你都敢杀？都霸凌到我头上了！这还能忍？于是懿旨一下，直接把哥哥关了禁闭。当然，这也可能是弃车保帅的权宜之计。

事后，窦太后冷静想想，毕竟血浓于水，于是开始积极想办法，想给哥哥一个将功赎罪的机会。妹妹的良苦用心，窦宪充分感受到了，感激涕零之下，也跟着一起想办法。

皇天不负有心人，戴罪立功的机会，很快就被兄妹俩找到了。

形式上已经等死的窦宪，终于等来了他的"救星"——匈奴人。

匈奴早在刘秀时期就已经分裂成了南北两部，南匈奴为了对抗北匈奴，主动归附东汉，举族迁往塞内。北匈奴经历了分裂和内战，力量衰弱，也不敢和东汉叫板，大家度过了一个短暂的和平时期。但是刘庄继位以后，恢复几分元气的北匈奴又开始蠢蠢欲动，不断扰边。

刘庄最终忍无可忍，组织反击，派窦固等四路大军出击北匈奴，班超在此时一举平定西域，北匈奴被迫又老实了一段时间。

篇九

外戚与宦官鏖战，王朝再度陷入混乱

班超走后，西域又乱。

公元 85 年，北匈奴再次分裂，分崩离析，南匈奴趁机发动攻击，丁零、鲜卑纷纷落井下石，组团侵略，杀掉了北匈奴单于。

北匈奴折了领头人，内部更加混乱，其属下的屈兰等 58 部、20 万百姓、8000 兵士，自主归附东汉王朝。公元 88 年，北匈奴遇蝗灾，内忧外患之下，处境更加窘困。

这种情况下，南匈奴正式上书东汉朝廷，请求东汉出兵相助，共同荡平北匈奴。东汉朝廷廷议的结果是，大家都赞成出兵，一举除掉北匈奴！

窦宪得到消息，高兴疯了，打仗这事我拿手啊！于是在狱中上书，请求大家给他一个重新做人的机会。大家觉得，窦宪这个人虽然品德败坏，但确实是个有能力的人，索性答应了他的请求，让他带着过剩的精力去和匈奴折腾。

你别说，窦宪不愧将门虎子，还真的很会打仗。同汉武帝时期动辄出动十几万大军在大漠四处搜匈奴人打架不同，窦宪的军队就像是个刺客组织，他们详细侦查，紧盯目标，悄悄靠近，猛然出击，直插心脏。他指挥汉军连战连捷，北匈奴各部各自为战，被打得全线崩溃，仓皇逃窜。

窦宪睚眦必报的性格在战场上也显露无遗，北匈奴人打不过他，索性不跟他打，一门心思逃命，但窦宪并没有得胜而还，反而，紧追北匈奴人不放。就算斩杀了北匈奴 13 000 多人，抓了 20 多万俘虏，缴获 100 多万头牲畜，窦宪还不想放过他们，继续追杀，一直追到燕然山（今蒙古国的杭爱山），几乎全歼了北单于主力！

到这里，窦宪已经追出边塞 3000 多里了！

当时，随军的班固也是意气风发，和窦宪、耿秉一起登上燕然山，

撰写《封燕然山铭》文，刻石纪功而还。

此战之后，窦宪自认立下了不世之功，眼里顿时没有谁了，把之前那套肆无忌惮、欺上霸下的作风又拿了出来，甚至开始有了谋逆的心思。

再说汉和帝刘肇，虽然年龄小，心眼可不少，早就看穿了窦宪的龌龊心思。他有心反杀，又没有自己的团队，思来想去，感觉还是身边的宫廷服务员们最可靠。于是刘肇启用宦官天团，谋划诛除豪横外戚。

当时，窦宪领兵在外，刘肇害怕动作太大，直接将窦宪逼反，谋定后隐忍未发。

不久，窦宪回京述职，刘肇大喜，亲自来到北宫，部署相关事宜，以迅雷不及掩耳之势，将窦宪的团队骨干郭璜、郭举、邓叠、邓磊全部送往监狱处死。接着，又派人收回窦宪的大将军印信绶带，改封他为冠军侯，勒令他和窦笃、窦景、窦瑰一起回到各自的封地。刘肇是窦太后一手带大的，看在窦太后的面子上不愿公然处决窦宪，于是等他们回到封地后，一纸诏令，迫其自杀。

班固也因为此事受到牵连，被免了职，后又被捕入狱，死于狱中。

刘肇感念宦官郑众功著，封他为鄛乡侯，食邑一千五百户。

一举扫平了豪横外戚后，刘肇开始亲理政事。这个皇帝很不错，大搞惠民政策，非常关心底层劳动人民的生活，在法制上也主张宽刑，刘肇亲政期间东汉国力达到鼎盛，史称"永元之隆"。

只可惜，刘肇只活到27岁，他刚过百天的儿子刘隆继位，是为汉殇帝，不满周岁便夭折。接着，邓太后与哥哥车骑将军邓骘商议，决定迎立清河孝王刘庆的儿子刘祜继位，是为汉安帝。刘祜继位时，刚满13岁，由邓太后临朝听政。

刘肇的老婆邓绥邓太后，人称东汉好女人，懂得节制娘家人，她活着的时候，外戚们一直很安分。

刘肇唯一让史官们诟病的地方，就是在对付窦宪时启用了宦官天团，宦官得以封侯，预示着东汉快走到了尽头。

东汉自汉和帝刘肇以后，基本就进入了宦官天团和豪横外戚轮流掌权的状态。

外戚宦官相互攻伐，东汉彻底乱了

汉安帝刘祜掌权，是东汉真正沦落的开始。

这孩子小时候看着不错，长着长着就不走正道了，不但把黑心大舅哥阎显捧上了政治舞台的顶端，就连奶妈一家子都成了国家政要。

这批人一上台，善良耿直的大臣们就倒霉了。

首当其冲的是蔡伦，被逼服毒自杀。当时朝中还有位名臣叫杨震，人品绝伦，大家都敬重地称呼他关西孔夫子。暮夜却金了解一下。

可惜如此稀缺的好干部，也被他们排挤出了权力中枢，杨震在被免职回乡的途中，不堪受辱，悲愤自杀。

杨震一死，朝中就再没有正直的人愿意站出来了。刘祜更加放荡，豪横外戚们更加张狂。

公元 125 年三月，刘祜带着老婆阎皇后春游，到了河南宛城，突然就生病了，而且病得很严重，随行的太医研究了半天，也不知道他到底得的是什么病，没办法，赶紧回京城吧。从宛城回京城洛阳，就几天的路程，可是刘祜一刻也等不了，车驾刚到河南省叶县南，刘祜就去了。

随行的阎皇后及其兄弟阎显怕朝中大臣拥立刘保为帝，故密不发丧，回宫后安排好诸事，才宣告消息。

刘保本来是刘祜的独生子，于情于理，在刘祜死后继承皇位，应当是没有任何悬念的。但刘保的母亲不是阎皇后，而是一个普通的宫女。刘保被立为太子时，他的母亲已经被阎皇后鸩杀，由于怕刘保继位后追究杀母之仇，阎皇后向刘祜进谗言，刘保被废黜太子地位，贬为济阴王。

此时，邓氏兄弟已经遵照阎后与宦官们密谋的决定，派人迎立济北王刘寿的儿子北乡侯刘懿为帝。

这个刘懿也是个病秧子，立为皇帝后就一直生病，总不见好。宦官孙程与济阴王谒者长兴渠密谋："济阴王刘保是先帝的嫡亲儿子，本来没什么过错。因为先帝听信谗言，才被废黜。如果北乡侯死的话，我们联合起来，共斩江京和阎显，事情肯定成功！"要说孙程的这张嘴还真有点诅咒的魔力，刘懿在皇帝的位置上才坐了200多天，就去了。

刘懿死后，阎太后重演刘祜死后秘不发丧的故技，同时派人去征召其他藩王的儿子继位。阎太后此举，宫外自然被蒙骗得住，可是孙程等人身在宫内，当然很快知道消息。大家认为，如果等到外藩的王子进京，刘保就彻底没机会了，现在是最后的机会，趁着少帝已死，外藩王子未到，推翻阎太后，大事可成。

两天后，孙程、王康、王国、黄龙、彭恺、孟叔、李建、王成、张贤、史泛、马国、王道、李元、杨佗、陈予、赵封、李刚、魏猛、苗光十九位宦官从德阳殿出发，直扑章台门，当时阎太后和几个宦官死党都在，孙程等人突然杀到，话不多说，抬刀就砍，三下五除二，阎太后的心腹宦官就只剩下了雍乡侯李闰了。孙程把血淋淋的刀架在了李闰的脖子上，怒问："我们要迎立济阴王，你愿意不愿意？"李闰敢不愿意吗？孙程二说不说，拉上他回到德阳殿，就以李闰的名义拥立刘保，是为汉顺帝。

接着，阎太后被迁入冷宫，软禁了起来。阎显当时是车骑将军、仪同三司，可惜，他这个时候在京城外面防备那些有实力的王侯呢，万万没料到被十几个太监钻了空子。等阎显得到消息返回皇宫时，一切已成定局，京城最精锐的部队虎贲军、羽林军都宣誓效忠皇帝。阎显、阎景、阎晏兄弟被捉后全部诛死，至此，刘保清除政敌的行动告一段落。

宦官孙程等19人因为功不可没，全部被封侯。但不久以后，刘保却逐渐疏远了孙程等人，信任另一个宦官张防，重大事情先同张防商量。张防靠刘保的信任，卖弄权势，违法乱行。孙程集团与张防集团明争暗斗，把朝廷搞得帮派林立，乌烟瘴气，最后刘保索性谁也不宠信了，却倚重皇后梁妠这一大家子，从此开始了东汉历史祸害最大的梁氏外戚专权20多年的黑暗史，皇后梁妠的兄弟也是著名大奸臣梁冀开始登上权力顶峰。于是政治更加腐败，阶级矛盾日益尖锐，百姓怨声载道，简直民不聊生。

你敢说我跋扈，拿命来吧

孙程死后，刘保破例让他的养子接班继续当侯，这就开了个坏头，别有用心的人争着给太监当儿子。

刘保时期，太监和外戚倒是没有大权独揽，而是一起把权力握在手里，宦官天团和豪横外戚达成了共识，大家合作愉快，共同致富。

他们的领头人叫梁冀，丧尽天良，横行无忌，史上有名的坏东西。

刘保死后，太子刘炳继位，称冲帝，时两岁，半年猝。刘保绝后。

梁家人故伎重演，利用"幼弱"而专权，强行从老刘家找了个8岁奶娃当皇帝，史称汉质帝。

汉质帝刘缵早慧，放今天说就是个天才儿童，可惜因为口不择言被梁冀残杀了！

刘缵骂梁冀骄横跋扈，梁冀就给小皇帝喂了一块毒饼，并且不准在场者急救，大家眼睁睁看着可怜的孩子在极度痛苦中慢慢咽下了最后一口气……

历史的教训也给大家提了个醒：话不要乱说，东西同样不要乱吃。

两年之内，死仨皇帝，大臣们心里犯了嘀咕：这是天上的那位不满意了？

于是开会决定，要搞民主选举，少数服从多数，势必选出个让上苍满意的好皇帝。

不过，大家想太多了！

朝堂之上，因为多数人的意见和宦官天团、豪横外戚们不一致，梁冀发怒了，大家一看，这是要杀人的节奏了，马上见风使舵，少数服从多数变成了多数服从少数。

按梁冀、曹腾等人的意见，大家最后死心塌地立刘志为帝，称汉桓帝。因为拥戴之功，梁冀得到的礼遇和封赏，甚至超过了萧何和邓禹。

汉朝外戚干政由来已久，吕雉开了个头。但梁冀绝对是其中最坏的一个。

据说，梁冀很喜欢兔子，建了个好大的兔园，每天和兔子一起玩耍，非常欢乐。

有个从西域来的商人，不知道"梁哥的兔子不能动"，误将兔园的

篇九 外戚与宦官鏖战，王朝再度陷入混乱

一只兔子当成了野兔送进了厨房，结果梁冀震怒，杀了十几人为兔子抵命。从厨师到参与吃的人，无一幸免。

乾隆的宠臣和珅够集万千宠爱于一身吧？但他也不敢因为一只兔子要了十多个人的命，梁冀就敢这么明目张胆、肆无忌惮！

名言说得好：你欺负我，我退一步；你又欺负我，我再退一步；你还欺负我，看我怎么收拾你。

刘志终日生活在阴影之下，也是憋屈得很，但谁叫咱是傀儡皇帝呢，傀儡皇帝就要有傀儡皇帝的样子。

但凡事都有个极限，再傀儡的皇帝也有三分脾气，窝囊废逼急了也会暴起反击！有一次，梁冀连招呼都没打就杀了刘志非常信任的一个小伙伴，这就触到了刘志的逆鳞。刘志随即联合宦官天团发动了"厕所政变"。

刘志："你们说，怎么办？"

宦官天团："打架六计，偷袭第一！"

老虎也有打盹的时候，偷袭的要点就是出其不意，攻其不备。

公元158年，东汉延熹元年，刘志与单超等人搞突然袭击，诛杀了梁冀，并查抄了梁冀的家，官家拍卖，合价30余亿钱，供朝廷之用，可减天下税租之半！

梁氏灭了，东汉王朝外戚专权的时代也就基本结束了。但是东汉的皇权并未因此而强盛起来。因为皇帝身边有两个轮子，一个是外戚，另一个就是宦官。刘志依靠宦官除掉外戚，现在坐上了宦官的独轮车，他本人也就由外戚的傀儡变成了宦官的傀儡，时代又进入了一个宦官专权的鼎盛时期。

五侯十常侍，官威胜天子

梁冀被除掉以后，刘志对参与大事的五个太监真正是心存感激，全部封一级侯爵，单超为新丰侯、徐璜为武原侯、具瑗为东武阳侯、左悺为上蔡侯、唐衡为汝阳侯，史称"五侯"。

不久，太监侯览拿出家底绸缎五千匹送给刘志，刘志先封他为准侯爵关内侯，过了一阵，又扯谎说侯览参与了清除梁冀的行动，加封他为高乡侯，随后，又封太监刘普、赵忠等八人为乡侯。由此，东汉政府大权彻底滑入了宦官天团手中，宦官乱政以后，骄横跋扈，狐假虎威，贪鄙惨毒，无法无天。他们也学习梁冀的样子，动用国库为自己兴建豪宅。

宦官我们知道，本来他们受过腐刑，已经丧失了生育能力，却偏偏搜罗天下美女，给自己当姬妾。他们没有儿子，就收养义子，让他继承爵位。为了扩大势力，他们还利用手中权力，安插亲信到各地做官，单超弟单安为河东太守、侄子单匡为济阴太守，徐璜弟徐盛为河内太守，左悺弟左敏为陈留太守，具瑗兄具恭为沛相，都是为害当地的贪官。这些人无才无德，只知搜刮百姓，简直和盗贼一样。而其中尤以"五侯"为最，大家比赛似的看谁贪得多，看谁是最凶狠的角色。

单超的侄子单匡被任命为济阴太守，他贪污受贿，被人告发。兖州刺史派部下前去调查，查出赃款近六千万钱。刺史非常气愤，上书弹劾单匡。单匡得单超包庇，竟逍遥法外。后来，单超捏造罪名，撤掉了兖州刺史，把他充军到朔方。刺史知道朔方太守董援是单超的外孙，去朔方肯定没有自己的活路，只好在半路上找机会逃跑了。

徐璜的侄子徐宣，时任下邳县令，性格残忍凶暴，无恶不作。他看上了已故汝南郡太守李暠花容月貌的女儿，要娶回来当妾，李家人拒绝了，徐宣就带着一帮打手直接冲到李家，硬把人家姑娘抢走了，抢走了还不算，一番调戏侮辱后，又把李暠的女儿绑在树上，然后用弓箭乱射，以听女孩尖叫、求救声为乐，最后一箭穿心。一个前太守的女儿下场都如此，平民百姓家的女儿下场会怎样，可想而知！

东海相黄浮得知此事，怒发冲冠，点兵遣将将徐宣抓来问罪。他手下的官吏惧怕徐璜的势力，纷纷出来劝阻。黄浮性格耿直、疾恶如仇，他对手下人说："今天我把徐宣这个奸贼杀了，就算明天就得死，也死得瞑目！"说完，把徐宣绑着游街，就在街头将其斩首。徐璜听说侄子被黄浮杀了，急忙跑到桓帝那里去哭诉。桓帝不问青红皂白，直接罢免了黄浮的官职，命人剃光了他的头发，罚他去做苦役。

单超死后，其他四侯专横更甚。当时人称之为"左回天（权势极大、具有回天之术），具独坐（上朝不与"三公"同坐、有独尊之势），徐卧虎（凶恶之如猛虎），唐两堕（两心相堕，居心叵测）。"

"五侯"权势日大，骄横日甚，进而对皇权构成威胁，这就不能忍了。刘志趁具瑗之兄犯罪之机，痛加裁抑，下诏贬具瑗为都乡侯，唐衡等人也因此受到牵连，纷纷遭贬，五侯专权告一段落。

"五侯"失势后，侯览、苏康、管霸等人又组成了新的一轮炙手可热的宦官天团。他们与五侯一样把持朝政、盘剥百姓、任人唯亲。宦官们的亲属及其党羽占据了从中央到地方的各级官职，而大多数太学生及地方儒生的仕进之路由此被堵塞，朝政日趋黑暗，时人称："举秀才，不知书，察孝廉，父别居。寒素清白浊如泥，高第良将怯如鸡。"

侯览，凶残暴虐，贪得无厌。他母亲病故后，由首都洛阳运灵柩回老家山东单县安葬，建筑高大坟墓，超过了应有的标准。时任督邮张俭，为人正直，刚正不阿，有颗不怕死的心，向朝廷检举侯览的罪行，侯览人在权力中枢，当然有办法将张俭的举报信拦截，于是举报信一直到不了刘志面前。张俭忍无可忍，不管三七二十一，带着手下到了侯览家，将其家宅摧毁，并查抄其所有财产，再专门上报情况，侯览继续进行拦截，报告始终无法到达桓帝面前。

侯览的哥哥为盖州刺史，将辖区内富足人家以诬陷手段抓来杀掉，没收其财产装入腰包，前后侵占民产数以亿计。侯览自己霸占他人住宅多达 381 所，良田万亩，还新建府第 16 座，并仿皇宫模样。宾客仆从在地方为非作歹，侵扰百姓，劫掠旅客，地方官稍加干涉，即被罢官，是非完全颠倒。

苏康为掖庭令，掌宫人簿帐及蚕桑女工等事，兼掌贵人采女事。刘志一朝，最多时女众将近万人，而刘志不断御幸、册封。这些被皇帝御幸的采女，大多经苏康推荐。有些官宦人家的女孩被选入宫，为求皇帝一幸，向苏康贿赂钱物，其数巨大，令人侧目。苏康用这些钱财，在洛阳城内盖豪宅，规格不比皇廷宫殿差多少。苏康还娶贫良家女子为假妻，置于府第之中，效仿天子置三夫人、贵人、美人，奢侈无度。

宦官的贪污无耻和强取豪夺，使老百姓受尽苦难，无法忍受，于是纷纷"起而为盗"，组织反抗。东汉的政治也愈加混乱。

篇九
外戚与宦官鏖战，王朝再度陷入混乱

把那帮敢叫板的读书人都炒鱿鱼

在这种情况下，一些尚有正义感的知识分子不干了，站出来跟宦官天团叫板。

公元166年，侯览党羽中的一些人故意在大赦之前为非作歹，想钻法律空子逃脱惩罚，而官员成瑨、翟超、刘质、黄浮等人较起真来，在大赦后仍然按律收拾了这帮人。宦官们非常生气，向刘志告黑状，刘志偏听偏信，重处了成瑨等人。

朝中重臣、位列三公的太尉陈蕃、司空刘茂不干了，一同向刘志进谏。刘志很生气，刘茂害怕了，不敢多说。陈蕃独自上书，以汉初申屠嘉召责邓通，董宣追劾湖阳公主为例，为受罚官员们申辩，并要求刘志躬身自省，清除宦官乱政的不正之风。刘志被陈蕃搞得很没面子，但朝中大事还要倚重陈蕃，不能轻易责罚，索性对他置之不理。宦官天团也不敢加害重臣陈蕃，便把矛头指向其他士大夫，大加报复。

朝中大臣、地方官员大多站在士人一边，纷纷指责宦官为非作歹，排斥忠良，祸乱朝政，结果被纷纷免官。成瑨、刘质等最终在狱中被害，岑晊、张牧等幸亏逃得快，得以幸免。

河南尹李膺，在大赦后处死了蓄意在赦前杀人的张成之子。张成是宦官们的小弟，宦官便让张成弟子牢修上书，诬陷李膺等人结党营私，诽讪朝廷。士人和宦官间的矛盾彻底爆发。

刘志看了牢修的黑状，不分青红皂白，诏告天下，逮捕并审理党人。一大帮有才华、有正义感的官员都成了通缉犯，陈蕃认为罪名不实，拒绝在诏书上签字。刘志见诏书无法生效，干脆跳过司法程序，直接让宦官负责的北寺狱审理此案。李膺、陈寔、范滂等人慨然赴狱，受酷刑而不屈铮铮铁骨。

当时被捕的大多是天下名士，民间所认同的"贤人"。度辽将军皇甫规以没有名列"党人"而被捕为耻，上书表示："我是党人，我也应该连坐！"要求刘志连自己一块儿治罪。刘志觉得他有病，没有搭理他。

陈蕃再度上书劝谏，言辞激烈，刘志嫌他太能唠叨，以陈蕃提拔的人才不合格为名，免去其太尉一职。

刘志老婆窦皇后的父亲槐里侯窦武当时任城门校尉，他同情士人，于公元167年上书为士人求情。同时，负责审理此案的宦官王甫等人也为党人的坚贞所感动，不再对他们施加酷刑。

李膺等人在狱中故意供出宦官子弟，宦官等害怕牵连到自己身上，就跟刘志说，天时到了大赦天下的时候。刘志很听话，开始大赦天下。"党人"获释，但放归田里，终身不再录用，史称"第一次党锢之祸"。

刘志死后，因为没有儿子，窦皇后与其父窦武迎立12岁的渎亭侯刘宏继承大统，是为汉灵帝，窦太后临朝听政，以窦武为大将军执政。

窦武与太傅陈蕃等谋划诛除宦官，他们先控制政府中枢和部分近卫军，又掌握首都及附近地方政府机构，准备将宦官逐步剪除。但宦官曹节、王甫等先发制人，劫持刘宏和窦太后，假传圣旨收捕陈蕃、窦武等人。

年过八旬的陈蕃闻讯，率太尉府僚及太学生数十人拔刀剑冲入承明门，到尚书门因寡不敌众被擒，当日遇害。

陈蕃的友人朱震弃官痛哭，收葬了陈蕃的尸体，并将他的儿子陈逸

篇九 外戚与宦官鏖战，王朝再度陷入混乱

藏到甘陵，被人告发。朱震全家被捕，都受到酷刑，然而朱震誓死不肯说出陈逸的行踪，陈逸得以幸免。

窦武拒不受诏，聚兵数千准备抵抗。护匈奴中郎将张奂此前率军出征，此时刚回到京师，还不了解局势，宦官们假传诏令骗过了他。张奂误以为窦氏叛乱，遂与少府周靖率兵与王甫所率领的千余虎贲军、羽林军一起进攻窦武。窦武被重重围困，无奈自杀。

事后，窦太后被软禁于云台，刘宏完全被宦官控制。本来占尽优势的外戚居然被宦官的突然发难搞垮，可见宦官的势力在当时有多么大。

曹节、王甫诛杀窦武、陈蕃等人后，自相封赏，加官晋爵，父兄子弟皆为公卿列校、牧令守长，布满天下。王甫、曹节等死后，宦官赵忠、张让等12人都任职中常侍，封侯贵宠，世人称之"十常侍"。刘宏甚至宣称："张常侍是我父，赵常待是我母"。宦官得到了空前的恩宠，他们愈发肆无忌惮，胡作非为。

张奂因"平叛"的功劳被宦官们提拔为大司农，封侯。但他深恨自己被曹节等人欺骗，害死国家忠良，铸成大错，坚决不肯受印。并在不久后趁天象变化而上书刘宏，要为窦武、陈蕃等人平反，迎回窦太后，并推荐李膺等出任三公。刘宏一开始认为他说得很有道理，正准备照办，但宦官天团纷纷进谗言，使刘宏改变了想法，反而追究张奂的责任，张奂先被拘留数日，扣了三个月工资，最后也被辞退，终身不再录用。

郎官谢弼也为窦武、陈蕃等人鸣冤，要求迎回窦太后，直接被宦官天团杀掉。

宦官等见窦武、陈蕃、李膺、杜密等人虽然死的死、免职的免职，但名望仍在，仍被天下人尊敬着，心里很不得劲，于是向刘宏进谗言，诬陷党人想组团造反。刘宏少不更事，又被蒙蔽，因而大兴牢狱，追查士人一党。

名士张俭因为弹劾侯览,被迫流亡,流亡途中,饥渴难耐或无处休息的时候,他便"望门投止",大家虽然知道收留他会引来杀身之祸,但也纷纷义不容辞。在大家的帮助下,张俭好歹活着逃到了塞外。然而,因为收留他而被追究灭门的,前后有数十家之多,甚至连他们的宗族亲戚都被杀害,郡县因此残破不堪。

史称"第二次党锢之祸"。

公元176年,正义人士、永昌太守曹鸾上书为"党人"鸣冤,要求解除禁锢,刘宏不但没有听取正确意见,反而收捕并处死曹鸾。接着,刘宏又下诏书,凡是"党人"门生、故吏、父子、兄弟中任官的,一律罢免,终身不再录用,并牵连五族。党锢的范围再一次被扩大,波及了更多的无辜者。

这场大祸一直持续到东汉末年,直到江湖中突然冒出一帮人,他们说:大哥大姐你们先歇会儿,我们先造个反!

篇十

遍地豪杰戴黄巾，汉家社稷付屠儿

> 西园八校尉中的另一位人物曹孟德，听到这话就笑了，他说："宦官自古就存在，存在就是合理的，你都杀没了，还不是得再招聘？难道宫里还能不用公公不成？咱们只要把带头作恶的几个杀掉就行了！"
>
> 大家都觉得，因为曹孟德他爷是太监，所以他才这么说。曹孟德表示：呵呵。
>
> …… ……

治病不是目的，我张角要治世

东汉末年，政治昏暗，天灾又不断，因而引发了大规模的民变。

公元144年，九江郡徐凤、马勉振臂一呼，揭竿而起，这次民变和以前的普通民变不同。他们设置了年号和百官，首领徐凤自称"黄帝"，虽然这个"黄帝"没当几天，但类似事件越演越烈，层出不穷。

这种情况下，颇有想法的张角创立了太平道，打着免费为人画符治病的幌子，在短短的几年时间里，便成功笼络到了大批忠实教众。

张角，河北巨鹿人。他有两个弟弟，一个叫张梁，一个叫张宝。关于他早期的身世，由于史料缺失，我们今天大体就只知道这么多了。他大约是个底层知识分子，不知道什么原因或是机缘巧合，和道教产生了关联。从那以后，张角靠着一手画符的本事以及算命先生的口才忽悠人民群众，抬高了自己的威望，又靠自己被知识武装过的头脑洞察了社会矛盾的丛生和机会的降临。我们现在无法判断他当初是怎样思考的，因为史料不全，我们甚至连这个人的性格都不甚明了，大体，他应该是一个洪秀全式的人物吧。

张角忽悠人民群众的方法其实就是江湖术士的常用伎俩。别人喝了他的符水，因为身体自愈或者其他原因，病好了，他就说这是信道积福，自己的符水灵验，如果毫无效果，他就说这是因为人家不信道，天不怜见，借此蛊惑人心，招揽教众。

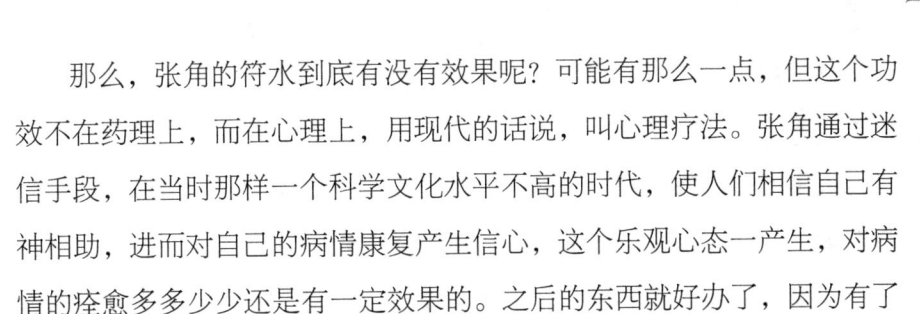

那么，张角的符水到底有没有效果呢？可能有那么一点，但这个功效不在药理上，而在心理上，用现代的话说，叫心理疗法。张角通过迷信手段，在当时那样一个科学文化水平不高的时代，使人们相信自己有神相助，进而对自己的病情康复产生信心，这个乐观心态一产生，对病情的痊愈多多少少还是有一定效果的。之后的东西就好办了，因为有了"切切实实"的成功案例，再加上众口相传，于是很多人都开始相信：跟着角哥走，人生有奔头；跟着角哥干，鸡毛飞上天！

太平道以黄天为至上神，以老子思想为指导思想，提出了"致太平"的理想，这种原始的乌托邦理想，对于水深火热的社会民众乃至饱受宦官压迫的官宦都有很大的吸引力，也丰富了世人对于时代变乱的理解。

在太平道发展初期，张角也曾尝试将宗教核心思想朝维护君权和封建统治方面努力，试图成为老子、孔子那样的人物，但因为张角本身层次不够，攀不上皇权这棵大树，角哥一怒之下，遂将宗教核心思想转型为反对君主过度剥削及其带来的不平等。

在组织构架上，张角以方为单位，对各地信徒进行管理。方的管理人员叫"渠帅"，有大方小方之分，大方管辖徒众万余人，小方也在六七千之间。在渠帅之上，就是张角兄弟，张角自称大贤良师，他的弟弟张梁、张宝则自称大医。

张氏兄弟一边用所谓的"神仙医术"为百姓疗伤治病，一边为人们勾画宏伟的乌托邦蓝图，以此方式进行传教活动，成功欺骗了汉朝政府，以致朝廷根本没想过做出有效遏制。十几年后，角哥的势力已经覆盖了大半个中国，拥有信徒几十万之多，并且把势力的触角深入到了朝廷之中，不少上层官员也成了太平道的秘密粉丝。

结果，张角依托信众的捐赠和缴纳，积累的财富比不少王公贵族还多，成了极具煽动能力的新式土豪，在东汉帝国被豪横外戚、宦官天团、党争搅得一团乱麻之时，这位从未被当权者放在眼里的道士，已经具备了震撼帝国的实力！

张角迅速走红以后，他开始寻思，咱不能一辈子只当偶像对不对，趁着现在人气这么旺，必须把事业做到不敢想象！

他接下来要做两件事，一是找个理由来让自己的造反看上去合情合理合天意。

张角根据太平经中"顺五行"的思维，按照五行相生相克的理论，编撰了一句颇为押韵而且有号召力的口号：苍天已死，黄天当立，岁在甲子，天下大吉！表示按照万物兴衰，朝代更替的规律，汉王朝（苍天）气数已尽，作为土德、黄天的代言人，太平道是时候取代汉朝了！并选定于甲子年甲子日、即灵帝中平元年（公元184年）3月5日举行起义。

在二月初，太平道各方渠帅和信徒便已经着手准备起义，他们约定都头扎黄巾作为记号，象征自己是"黄天"的使者，又用石灰在洛阳政府机关门上写上"甲子"二字作为标记。大方首领马元义聚集了荆州、扬州信徒数万之众，众人约定在邺城相会，准备配合角哥起事。

张角要做的第二件事便是设法蒙蔽汉灵帝刘宏的眼睛。当初陈胜、吴广之所以能够星火燎原、一路高歌猛进，也与赵高蒙蔽胡亥，导致各地报急胡亥压根不信有很大关系。以致起义军都打到了函谷关，赵高实在骗不下去才与胡亥摊牌，秦王朝这才开始正式组织大规模的镇压活动。

张角想要复制陈胜、吴广这一阶段的成功，但刘宏身边没有赵高式的人物，怎么办呢？角哥说，那就给他制造几个！于是，马元义数次到洛阳贿赂宦官，结果还真让张角制造了两个低配版的赵高。宦官封谞、徐奉决定与"大贤良师"里应外合，共同推翻那个无道的苍天。

然而，计划是好的，只可惜变化来得太快，这个重大变化的导火索是组织内部出现了叛徒。

大约在约定起义日的前 10 天，即 2 月 15 日前后，张角手下一名个叫唐周的门徒向官府告密，不但实名举报起义之事，还供出了马元义。马元义迅速被捕，五马分尸，官府又大力逮杀太平道信徒，杀掉张角门徒一千余人。接着，中央通知冀州州府，通缉捉拿张角及其家人。

事出突然，张角只好提前一个月在冀州一带起事，因为大家头上都扎着黄巾，所以被称为"黄巾"或"蛾贼"，这次起义则被称为"黄巾起义"。张角自号"天公将军"，张宝、张梁分别为"地公将军""人公将军"。他们烧官府、杀官员、四处闹事，一个月内，全国七州二十八郡都发生战事，黄巾军势如破竹，州郡失守、官员逃亡，震动京都。

浩浩荡荡的黄巾起义，就此拉开序幕！

平定黄巾战乱，何进一步登天

黄巾起义的瞬间爆发，其声势之浩大，吓坏了汉灵帝刘宏，赶紧把锅一甩：大舅子，刚刚开会决定，你做大将军。

刘宏的大舅子何进连谦虚的机会都没有，就被赶鸭子上架，领导开展平定工作。

何进，南阳屠户出身，有人说他是杀猪的，所以是个猪脑子，这就大错特错了，人家分明是个宰羊的。

虽然只是个屠夫，但你可别小看何进，在东汉末年那个乱糟糟的年代，能保证温饱都算有钱人家。何进家不但能温饱，还顿顿有肉吃，而且手下还养了不少身强体壮、膀大腰圆的肉刀手，在当地也算是有头有脸的人物。并且他的家乡南阳，有东汉第一大郡之称，不但人口众多，还是刘秀和云台二十八将中大半将领的家乡，这种地方的人物，路子野着呢！

这不，何进和东汉末年第一大势力宦官天团的关系就不错，并靠着老乡郭胜（十常侍之一）的帮忙，将妹妹送进了宫中，还当上了地位不低的贵人。何进，飞黄腾达的机会就这样轻而易举地到来了。

按理说，皇上选老婆这种事，都是从贵族里面选美少女，小门小户家的闺女就算侥幸得到皇帝青睐，因为没有庞大的家族势力做支撑，也很难飞上枝头变凤凰。但是贵族世袭来世袭去就那么几家，世代通婚导致血缘关系太近，越是老牌贵族在生育皇嗣方面越没有保障，生出来的皇子、皇帝不是早夭，就是短命。而何进的妹妹为皇族里面注入了一丝新鲜血液，进宫没多久，硬是为刘宏生下了一个健康的小男孩刘辩。尽管刘宏对这个儿子不太待见，但因为何小妹超好看又有心机，还懂得和皇帝最尊重的十常侍搞好关系，最后还是被破格提拔做了皇后。

当时皇宫中还有一位王美人，那是真正的美人，颜值高，家世好，知礼仪还有才华，刘宏非常喜爱她，因而没多久也诞下一位皇子，就是刘协。何小妹得知王美人怀孕后，妒火中烧又担心地位不保，于是暗中下黑手，将其毒杀。刘宏心如刀割，怒发冲冠，誓要废掉何小妹，但何小妹有十常侍做靠山，刘宏这个皇帝撼不动她，这可太憋屈了！

按照东汉王朝宦官和外戚互撕，皇室在背后搞平衡的传统，刘宏为了制衡十常侍的势力，将两位大舅哥何进、何苗步步高升也是水到渠成。正巧张角又搞出了一个黄巾起义，何进借势一步登天，成了国家倚重的大将军。

何进之前从没真正带过兵，这时只能在朝中组建临时阵容，并趁机招了一帮小弟。简单提几个小人物：董卓、袁绍、袁术、丁原……

篇十 遍地豪杰戴黄巾，汉家社稷付屠儿

何国舅虽然对兵法一窍不通，但他也知道，打仗这事儿还要靠专业人士，于是又向皇帝举荐了卢植、皇甫嵩、朱儁等当世俊才，负责河北、河南、江淮地区平乱事宜。

也正在此时，曹操、孙坚等三国著名人物纷纷登场。

接下来，东汉大军和黄巾战队在全国各地互相攻伐。

河北方面，卢植率领的北路军与张角率领的黄巾战队主力杀得人仰马翻；

河南方面，皇甫嵩与汝南、颍川等地的黄巾势力激烈对峙，以拱卫京都洛阳；

江淮方面，朱儁带领孙坚等人血战黄巾大将张曼和赵弘。

这场大战，虽然东汉帝国出动50余万军队镇压黄巾战队，但战争初期，黄巾战队整体上还是胜多败少，张角的势力继续在九州大地蔓延。

不过，在经历了最初的反应不及和惊慌失措以后，东汉帝国便开始了有组织、有纪律、有策略的大规模反扑。黄巾战队虽然人数众多、声势浩大，但毕竟不是正经军人，不管是战斗力还是政治素养，和政府军都不在一个层次上。

战争的转折就发生在起义三个月后，当时皇甫嵩在河南被黄巾战队打了围，曹操闻讯急忙率兵增援。那天傍晚，突然风起。皇甫嵩在城中借助风势点燃了城外杂草，黄巾战队被烧了个措手不及，正巧曹操赶来，两个人里应外合，对着黄巾战队好一顿厮杀，这一战，二人共斩杀黄巾战队数万徒众。

几乎与此同时，朱儁在汝南大战告捷，汝南黄巾战争溃不成军，孙坚等人又半路截杀，汝南黄巾战队伤亡惨重。

在河北，卢植也给了张角沉重打击，斩杀张角部队万余人，迫使张角从冀州撤往广宗。

卢植建筑拦挡、挖掘壕沟，制造云梯，正准备趁热打铁，一鼓作气将张角拿下，结果刘宏派来了心术不正的太监左丰视察军情。有人劝卢植给左丰意思意思，卢植很有骨气，坚决不肯意思意思，左丰特别生气，向刘宏打小报告，说卢植不好好打仗，出工不出力。刘宏也不调查，直接用囚车押解卢植回京，并让董卓代替卢植到前线指挥作战。

黄巾战队在几个区域内连续失败，但各区域的首领各怀鬼胎，抱着死道友不死贫道的心态，对相邻区域的战友不积极救援，导致百万之众的黄巾战队实际上成了一盘散沙，被政府军各个击破，逐一蚕食。

例如，朱儁围攻南阳、荆州时，朱儁加上荆州刺史徐璆统共才18000多兵力，而荆州黄巾战队首领韩忠自己就有3万多人。结果，因为大家各自为战，南阳黄巾战队首领赵弘被斩杀，韩忠则被围困在城内。附近的战友们看到这种情况，没有一人有唇亡齿寒的觉悟，大家纷纷开始囤积粮草，等待韩忠失败以后，全力对付前来围困自己的政府军。

韩忠独守孤城，越想越是心寒，把心一横，决定向政府军投诚，但朱儁表示不可以。

朱儁认为，如果轻易接受贼众投降，会给天下百姓造成"想造反就造反，败了无非投降，横竖死不了"的错误观念，因此坚决不肯接受，并向韩忠发起急攻，可是数战也不能攻克。

这天，朱儁登上土山观望黄巾战队军情，他突然灵光一闪，想到黄巾战队这是因为没有退路，为了活命，如入巷老虎，势必竭力反扑，拼死抵抗，所以难以攻克。朱儁想明白了这一点，便将部队打开一个缺口，引诱韩忠突围。韩忠战斗素养不行，果然中计，被朱儁大破，朱儁向北追击韩忠数十里，斩杀万多人，韩忠投降，这次朱儁才愿意接受。

朱儁下属秦颉与韩忠有宿怨，他这个人又没有大局意识，于是公报私仇将韩忠杀死。已经投降的韩忠部队炸了——我们都降了还杀？不是

篇十 遍地豪杰戴黄巾，汉家社稷付屠儿

说好了优待俘虏的吗？不降了！于是又推孙夏为帅，占据宛城，负隅顽抗。朱儁再次急攻，费了不少劲才将孙夏部队打散，平定宛城一带。

黄巾战队占领的城池就这样被政府军一座一座吃掉。

另两条战线，董卓接替卢植去平张角，结果没打过人家，寸功未建，无功而返，被免了职。然而董卓这家伙非常善于钻营，马上重金贿赂十常侍，官职虽丢，但也给自己留下了东山再起的契机。

8月，皇甫嵩到达东郡，在仓亭之战中生擒张角心腹、黄巾大将卜己，张角率众退避，躲皇甫嵩之锋芒，撤退过程中又被皇甫嵩一路斩杀七千余人。张角抑郁成疾，竟然一病不起。虽然张角以"医术"起家，但所谓"医不自医"，张角最终还是因病而死。临死前，张角将黄巾战队的指挥大权交给了自己的两个弟弟。

10月，皇甫嵩进军广宗，与张梁部队展开激战，或许是张角的死激发了黄巾战队的战意，首战，皇甫嵩竟然败北。

皇甫嵩见不能力克，便决定智取。他闭营让士兵休息，麻痹敌人，却偷偷派人监视敌军军情。等到黄巾战队战意稍为松懈，便在黎明时分，趁人精神状态最差的当口搞突袭，成功击破敌军，当场斩杀张梁及其部众3万多人，张梁部队溃败时在河中溺死也有5万多人，车辎被皇甫嵩烧毁3万多辆，投降者无数。而张角的尸体也被皇甫嵩从坟中挖了出来，砍下头颅，运回京师。

11月，皇甫嵩在曲阳又成功斩杀张宝，俘虏10多万人，黄巾之乱基本平定。

尽管在平定黄巾这个重大项目上，何进没出什么力，更没有什么值得称道的表现，主要是靠叛徒告密和地方军阀出力才完美收官，但作为该项目的主持者，何进还是借此摆脱了低微出身的阴影，无论权势和威望都上升到了一个新的台阶。

张角掀起的黄巾之乱，也导致了东汉政府被迫下放行政与军事权力给地方军阀，本就衰微的皇权进一步下滑，地方军阀则趁机做大，正是有了这个契机，董卓、袁绍、孙坚、曹操、刘备等人才纷纷崛起，开启了自己的乱世征途。

蹇硕，跟我比，你还是棋差一招

黄巾之乱，使何进进一步见识了权力的美妙，各大世家及地方豪强的实力简直太让人羡慕了，有钱有兵有粮，振臂一呼便能召唤数千家乡子弟为自己卖命，这才是男人应有的派头。何进决定向他们积极靠拢，成为圈子里的人，不，成为圈子里的领头人，否则，他这个大将军就成空架子了。

时间，在一点点流逝，何进，也在努力让自己成为新的世家豪门，在此期间，他享受到了前所未有的恭维，不管是四世三公的袁氏家族，还是身为皇亲国戚的刘表，或是名满天下的陈琳，都上赶着尊称他一声"大哥"，这时的何进，如日中天，简直天下英才尽入其彀中矣。

何进此时手里攥着一副好牌，足以用"俩王四个二"来形容。

"俩王"，自然是他当皇后的妹妹和当车骑将军的弟弟何苗，"四个二"则是上面提到的董卓、丁原、袁绍、袁术四人。

在汉朝，你不权倾朝野，都不好意思说自己是大舅子，这本来没什么，司空见惯。但问题是，刘宏心中内定的接班人，是他和王美人的孩子刘协。于是，开斗。

篇十 遍地豪杰戴黄巾，汉家社稷付屠儿

为了制衡权势日渐做大的大舅子，刘宏一边捧着他，让他主持全国阅兵仪式，一边设置西园八校尉，分何进的权。

西园就是刘宏快乐玩耍的地方，至于玩什么，请自行去古籍《文海披沙》中搜索，笔者没看，什么都不知道。

这西园八校尉我们有必要介绍一下，因为当中有不少我们的老熟人：

上军校尉：蹇硕，宦官，刘宏亲信，西园八校尉最高长官，受刘宏指示扶持刘协。

中军校尉：袁绍，西园八校尉二号人物，世族子弟，家里四世三公，背景相当显赫。

下军校尉：鲍鸿，因在平定黄巾之乱中表现突出获得升迁，但贪念太重，不久因贪污军饷被处死。

典军校尉：曹操，宦官曹腾的干孙子，世家圈子里鼎鼎大名的纨绔子弟，很有头脑，也很奸狡。

助军左校尉：赵融，汉末光禄大夫，后入曹操集团，为荡寇将军。

助军右校尉：冯芳，曾任大司农，是宦官曹节的女婿，也有可能是袁术的老丈人。

左校尉：谏议大夫，董卓乱政时，因与何进旧部分粮不均而被杀。

右校尉：淳于琼，后投靠袁绍，官渡大战时奉命守备乌巢，被曹操杀掉。

刘宏给了蹇硕相当大的权力——"督司隶校尉以下，虽大将军亦领属焉"，帝都这片都归蹇硕管了，在这里，你何进也得听他的。

一通操作以后，刘宏感觉自己这波优势很大——我不管你支持不支持，我就要让刘协当天子。

可惜心愿没完成，他就死了。拥立新君的肥皂剧就此拉开序幕。

首先是一直抚养刘协的董太后和刘辩亲娘何皇后开始相互问候。

接着蹇硕也开始发力。蹇硕为了完成主子的遗愿，可谓殚精竭虑，但就凭他手下西园那点人马，想从武力上解决何进无异于天方夜谭。可是，要想不辜负先帝的嘱托，又必须除掉何进，看来，只能用非常手段了——打架六计，偷袭第一。

蹇硕是这样计划的：咱家先来个秘不发丧，然后借先帝的名义将何进诓骗进宫，左右设下刀斧手，待何屠夫一进宫，"咔嚓"一声劈了他。

实话实说，蹇硕这个偷袭计划不怎么样，俗套得很，但即便是如此俗套的计划，对付何进这种智商的人还是完全够用的。然而，意外出现了。

蹇硕有个下属叫潘隐，蹇硕一直把他当成好朋友，有什么心事都会告诉他，可潘隐觉得何进才是自己的好朋友，接下来的事，大家懂得。

何进虽然无勇无谋，可并不是笨蛋啊，中途得到消息，立马表示我有病，转身回去，伺机报仇。

公元189年5月15日，也就是刘宏咽气两天后，刘辩即位，改元光熹，史称汉少帝。

显然，这是极不厚道并且极不尊重刘宏同志的行为，人家尸骨还未寒呢，你们就改元了？好歹把这一年过了再说啊！冷酷，无情，好残忍！

这一年刘辩13岁，还是未成年人，按照汉朝的传统，这大权无疑就旁落到了他妈妈和他舅舅手里。升级为太后的何小妹在迅即改元后，又将刘协封为渤海王——你哪里凉快，哪里待着去吧！

刘辩继位，蹇硕彻底坐不住了，辜负不辜负先皇暂且不说，这小子当皇帝肯定向着他亲娘舅啊，而自己与何进已然结下了大仇，这日子没法过了！

为了保住性命，也为了让先皇死得瞑目，蹇硕开始怂恿他的同事们，他给赵忠等十常侍都写了信，言辞恳切："老伙伴们，何进现在权势熏天，似乎想跟读书人合起伙来整我们，但因我们禁军在手，他才不敢妄动。现在我们应该先发制人,关门打狗,杀死何进!"

然而他忘了,这十常侍中有一个人是何进的老乡,何氏家族鸡犬升天他还帮了大忙。没错,这个人就是郭胜。郭胜搁脑子里一合计,一个是风头正盛的老乡,一个是死了靠山、已经过气的同事,这道选择题不就是送分题吗?于是郭胜二话不说就将蹇硕给他的书信递给了何进。何进大手一挥开始调兵遣将,结果,做事不狠、根基不稳的蹇硕略逊一筹,被结束了性命。

此时的何进,拥立有功,又手握"俩王四个二",站在了权力的巅峰,感受着无敌的寂寞与空虚。

到此为止,何进的表现虽然没有什么亮点,但也没有太大过错,半点看不出无脑的意思,但一个蠢队友的一番话,彻底改变了这一切。

大哥,咱们必须把这帮太监全干掉

剧情往回拉一点。

黄巾战队一被平定,宦官天团又开始作威作福,东汉的干部们因为在平定行动中被授予军权,也重新振作起来,双方为了争夺政治话语权,又打成了一片。

不过,这次的情况有点不一样,宦官对于干部们已经失去了压倒性的优势,因为何进,站队到了干部这一边。

蹇硕被杀掉以后,袁绍怂恿何进:斩草不除根,害死自己人,咱们应该趁热打铁,把这帮阉人消灭干净。

西园八校尉中的另一位人物曹孟德,听到这话就笑了,他说:"宦官自古就存在,存在就是合理的,你都杀没了,还不是得再招聘?难道宫里还能不用公公不成?咱们只要把带头作恶的几个杀掉就行了!"

大家都觉得,因为曹孟德他爷是太监,所以他才这么说。曹孟德表示:呵呵。

何进这时拿不定主意了,他的权力主要来源于他的太后妹妹,这么大的事儿,不能不打招呼。更何况,如果不跟最高领导们打招呼就动手,那就不是除害,而是谋反了,何进可不想被扣上谋反的帽子,于是火急火燎地进宫去见何小妹。

何小妹果断认为:不可以!她表示:哥你是不是脑子进水了?你把公公都砍了,谁还帮我出谋划策?你让我直接去面对那帮外臣,我根本听不懂他们说什么好不好,把我套路了我都不知道!

何进的弟弟何苗和宦官天团走得很近,平时没少拿好处,这时也为宦官们帮腔,站出来反对何进、袁绍等人的"斩草除根"计划。何进耳根子软,心想既然弟弟妹妹都反对,那就算了吧。

可袁绍不肯善罢甘休,继续怂恿何进:太后只看到了眼前利益,看不到长远的利弊。现在您和那帮太监水火不容,您现在不杀他们,他们早晚找机会杀了您,不能心软啊!难道,您只能对她唯命是从吗?她不同意,咱们可以设法让她同意。比如,让地方部队进京向太后进谏……

何进估计也不想一直被妹妹完全压制,似乎觉得用这个方法可以找回长兄如父的尊严,实现真正的大权独揽,兴奋地一拍桌子:就这么办了!

这时,曹孟德又站出来反对了,说明明一名监狱工作人员就可以解决的事情,何必搞那么大动静,这事儿要出现一丁点差池,就要大祸临头了!

何进觉得曹孟德他爷爷是太监,直接无视之。

主簿陈琳紧跟着也站了出来,用他那出众的文采给何进分析利弊:

大将军您现在总握兵权，龙骧虎步，上上下下，全都听您召唤，您的威望不比皇帝低。咱有这个条件，收拾那帮宦官，还不像用火炉烧头发一样简单？您应当速发雷霆之威，行变通之法而当机立断，虽不太合法却合乎道义，天意与民心都倒向您。而您放弃手中利器，寻求外援，大兵聚集后，强者称雄，这就是江湖传言中的倒持干戈，把手柄交给别人，这么干非但不能成功，反而会招致大祸！

何进的反应是我不听、我不听、我就是不听！何大将军现在只爱听袁绍讲话，曹孟德与陈琳的话他都听不进去，这二位碰了一鼻子灰，也只好冷眼旁观了。

尚书侍郎郑泰听说何进的外援名单里居然有董卓，急忙跑来规劝："董卓这家伙剽悍、凶狠、好残忍，而且鹰视狼顾，贪得无厌，您要是把他召进京来，必然会祸乱社稷啊！"同时劝阻何进的还有名臣卢植，但一心干大事的何进就是当作耳旁风。

妹妹，我叫来了董卓，你看着办

何进采纳袁绍的建议，打出"四个二"，对自己的妹妹来了一波逼宫。

何进召董卓、丁原进京，任王允为河南尹，袁绍为司隶校尉，袁术为虎贲中郎将，从京畿到洛阳再到宫门口，可以说武装到了牙齿。

何小妹迫于压力，收回了宦官天团的权力，下诏将十常侍及大部分宦官遣回原籍，永远不再录用。只留用一些平素与何进关系还算不错的公公，毕竟偌大个皇宫不能一个服务员都没有。

何进办完这事以后，感觉自己简直无敌了，谁都不放在眼里。

那些被炒了鱿鱼的宦官纷纷来到何进府上请罪，并摆出一副任君处置的姿态。袁绍在一旁一个劲地使眼色，暗示何进抓住机会，快刀斩乱麻，可何进不知道哪根筋搭错了，竟然教育起他们来："这天下乌烟瘴气，都是拜你们所赐，如今诸侯来势汹汹，就是为你们而来。目前，董卓的部队已经离京城不远了，他是什么人，我不说，想必你们也知道，你们现在不跑，更待何时？"

咱也不知道何进此时到底在顾忌什么。

闻听此言，袁绍极度抓狂——何进你个笨蛋！咱不是已经说好，要将他们团灭吗？现在他们都自己送上门来了，你怎么还发起了慈悲？你是不是还想免费赠送他们每人一张返乡车票啊！

此时连袁绍都对何进无语了，想到何进曾赋予自己"专断"之权，袁绍转身离去，随即假传何进命令，命各地府衙火速逮捕宦官家属。

宦官们暂时逃过一劫，但也算彻底看清了何进和袁绍的计划——这两个坏蛋的最终目的就是把我们全部弄死，我们绝不能坐以待毙！

十常侍的首领张让马上去找自己的儿媳……

张让的儿媳正是何进的另一个妹妹，张让放下当年给刘宏当干爸爸的身段，当场下跪，涕泗滂沱："老臣有罪，我认。只是我家几代人受浩荡皇恩眷顾，在这皇宫里工作，感觉就像在自己家一样，现在突然让我'离家出走'，我在情感上实在接受不了，心中有千般不舍，却难以言说。老臣我不日就要远走，只想再回到宫中，服侍皇上和太后一天，若能如愿，死也无憾！"

何小小妹被感动了，决定为公爹求情，但她又怕自己在姐姐面前分量不够，思来想去，决定转向自己的母亲，当然也是何进与何小妹的母亲舞阳君打亲情牌。

何小妹虽然现在地位尊崇无比，但妈妈的面子她必须给。就这样，张让等人得到了最后一次上班的机会，就这一次机会，东汉就彻底被搅得天翻地覆。

我何进，用性命，一手缔造了三国

却说何进听闻众宦官重新入宫，心慌了，赶忙进宫去见何小妹，晓之以理，动之以情，痛陈以利弊，劝妹妹下诏对宦官大开杀戒。

何小妹表示，我再考虑考虑。

宦官们听说何进进宫，感觉很不对劲，搁心里琢磨起来：何进装病不进宫已经有好几个月了，先皇驾崩，送葬他不来，扫墓他也不去，今天突然进宫，准没好事！他想干吗？莫非想效仿当年窦武，做一次大事？

张让在宫里路子多，忙找人去偷听二人谈话，探子将消息如实传回，宦官天团集体炸了：何进果然在打我们的坏主意！生死攸关，先下手为强，后下手遭殃，团结起来，杀掉他！

接着，张让带领几十个太监，手里拎着刀枪棍棒，从偏僻的侧门偷偷溜入宫中，准备等何进一出宫门就假传太后懿旨召他回来，然后打他一个漂亮的伏击。

何进的意见没有被妹妹接受，心里很不愉快，快快回到家中，椅子还没坐热，宫中又传来消息，说太后召见。何进瞬间转忧为喜，心想这一定是妹妹改主意了，叫自己去共商大事。

袁绍的第六感告诉他，这件事有点不对劲，为了大将军的安全起见，袁绍要求亲自带兵护送。何进没有拒绝，也没有理由拒绝，非常时期，小心一点总是好的。

到了宫门口，门卫说太后只召见大将军一个人，所以只能大将军一个人进去，其他人不得入内。这很合礼法，挑不出什么毛病，而且何进也觉得，太后是自己的亲妹妹，门外又守着自己的亲兵，谁敢打我的坏主意？

何进带着这种"我就是天下第一"的心情，大摇大摆地走进宫门，没想到门一关就被围了起来……

张让等人指着何进的鼻子斥责他："你说，这天下大乱，就只是我们造成的吗？你说，当初先帝与太后闹离婚，是不是我们姐妹苦苦相劝，又每个人花一大笔私房钱，买了一堆奢侈品哄先帝开心，太后才保住皇后名分的？我们诚心诚意结好你们何家，不就是想在这朝中互相帮助有福同享吗？结果你这个白眼狼过河就想拆桥，还要把我们杀光，你的良心不会痛吗？"说完，一刀砍下何进的头颅，扔出墙外，高调表示：何进谋反，我等诛之！

紧接着，洛阳城炸了！卢植、王允炸了！袁绍、袁术也炸了！大家开始进宫砍人，见到没胡子的就砍，皇宫内外砍声一片。

宦官天团一看大事不好，带着小皇帝就跑。这个时候，被何进召进京的董卓跳出来收人头了，在北邙山那块儿把刘辩一捡，屁颠屁颠就冲进了洛阳城。

何进一走，群龙无首，"四个二"都对彼此表示不服，洛阳城的局势非常微妙，大家兜里都揣着火药。

董卓现在最大的威胁是丁原。丁原入城后接管了洛阳守卫，纸面实力完全不输董卓。而且，丁原手下有头号战将吕布，武力值相当恐怖。

但是，丁原阵营并不是铁打的兵，以吕布为首的大将们发现跟着丁原没有肉吃，思想开始不纯粹了。

篇十 遍地豪杰戴黄巾，汉家社稷付屠儿

传说，董卓仅仅用了一匹马和一点金银珠宝，就成功地将吕布从丁原的干儿子变成了自己的干儿子，吕布反水，丁原做鬼。

人一旦没有对手，就会不知天高地厚。

董卓现在便是这样，在最大程度继承了何进的政治遗产以后，膨胀得像个气球。汉少帝和何太后先后遭了他的毒手。汉献帝刘协捡漏上位。

刘协：你们以为我愿意捡这个漏？

是的，刘协活得太不容易了。他从娘胎里就开始遭迫害，如今虽然名分上是个皇帝，但什么事不是董卓做主？他只能赔着小心，做着董卓的吉祥物。

至此，董卓成功地开辟了一条地方豪强掌权的先河，东汉政府进入了名存实亡的阶段。

董卓这人天生的恶魔属性，性格成渣，残忍好杀，史上难得的百分之百差评哥。

朝中的官员们都害怕被董卓砍，于是纷纷溜出去避难，比如"四个二"之一的袁绍，还有太监的孙子曹孟德。

袁绍跑出去以后，表示自己惹出的祸要自己收拾，于是组了个团，调过头来打董卓。

传说中，这时候，有几位民间高手坐不住了。

想当年黄巾遍地，惹得一个摆地摊卖草鞋的、一个杀猪卖肉的、一个杀人逃亡的发了怒，仨人一见面就觉得非常投缘，相见恨晚，几碗烈酒下肚，决定共同干一番大事业，于是来了一出桃园三结义。

董卓祸乱，刘关张哥仨正在公孙瓒手底下混饭。袁绍振臂一呼，诸侯纷纷响应，哥仨觉得这是个露脸的机会，跟着公孙瓒就上前线了。

历史，正式进入了一个新的乱世。